U0711861

首都经济贸易大学
财 / 税 / 法 / 治 / 文 / 丛

视角与对策：
财税制度改革的法律思维

胡翔 著

Perspective and Countermeasures:
Legal Thinking of Fiscal and
Taxation System Reform

中国政法大学出版社
2023 · 北京

图书在版编目（ＣＩＰ）数据

视角与对策：财税制度改革的法律思维/胡翔著. —北京：中国政法大学出版社，2023.8

ISBN 978-7-5764-1088-4

Ⅰ.①视…　Ⅱ.①胡…　Ⅲ.①财税—财政改革—财政法—中国②财税—财政改革—税法—中国　Ⅳ.①D922.204

中国国家版本馆CIP数据核字(2023)第162743号

出　版　者　　中国政法大学出版社
地　　　址　　北京市海淀区西土城路 25 号
邮寄地址　　北京 100088 信箱 8034 分箱　邮编 100088
网　　　址　　http://www.cuplpress.com (网络实名：中国政法大学出版社)
电　　　话　　010-58908441(编辑部) 58908334(邮购部)
承　　　印　　北京九州迅驰传媒文化有限公司
开　　　本　　880mm×1230mm　1/32
印　　　张　　7.75
字　　　数　　180 千字
版　　　次　　2023 年 8 月第 1 版
印　　　次　　2023 年 8 月第 1 次印刷
定　　　价　　39.00 元

总 序

欣闻首都经济贸易大学法学院计划推出大型税法研究项目"首都经济贸易大学财税法治文丛",并邀我为系列丛书作序,我欣然应允。长期以来,首经贸法学院一直支持中国财税法学的发展,得益于前任院长喻中教授和现任院长张世君教授的有力领导,财税法学科已经成为学院重点发展的优势学科,招揽了一批毕业于北京大学、中国人民大学、中国政法大学等高校的学术骨干。多年来,首经贸法学院不仅在教学中重视改革财税法学课程体系,还积极探索设立财税法学硕士点。此外,学院与中国法学会财税法学研究会之间也保持着良好的合作关系,自 2016 年起,学院已经连续 5 年承办了由研究会主办的"税务司法论坛"研讨会,吸引了全国各地的众多理论与实务界人士前来参会,成功将该论坛打造成了研究会的品牌会议。可以说,首经贸法学院为我国财税法学界举办个性化和规模化的财税法学术活动提供了宝贵经验。

此次,首经贸法学院计划推出新的系列丛书研究项目,是他们在推进财税法学科建设中所迈出的新步伐,不仅为财税法学研究的新成果提供了又一个展示平台,而且进一步扩大了财税法学科在社会上的影响,助益财税法知识的推广与传播。习近平总书记在中南海主持召开经济社会领域专家座谈会时指出,新时代改革开放和社会主义现代化建设的丰富实践是理论和政策研究的"富矿"，希望广大理论工作者从国情出发，从中国实践中来、到中国实践中去，把论文写在祖国大地上，使理论和政策创新符合中国实际、具有中国特色。我十分期待这个新的丛书研究项目能让更多的人关注到财税法视野下的中国问题，不仅要作有思想、有深度的研究，也要努力使相关研究接地气、有实用。

近年来，我国财税法学的教育和研究在祖国各地多点开花，不仅为国家培养了一批批青年才俊，也产出了诸多颇具影响力的学术成果。随着青年学者们的不断成长，我国财税法学界已基本形成了"老""中""青"共同努力的立体化研究梯队，同时，依据研究者们的学术背景与研究旨趣，我国的财税法学研究正呈现出多元化、多角度、多领域的研究格局。这些研究中，有的专注深挖财税法基础理论，有的着力探讨财税制度设计，有的重点比较国内外财税法治的异同，他们的成果使中国财税法学已经基本形成了立足本土、放眼世界的财税法学研究架构，有力地促进了我国财税法制度体系的革新和财税法学教育事业的进步。

显然，中国财税法学的发展能取得今天的成果离不开几代财税法学人的苦心经营与筚路蓝缕，不积跬步无以至千里，那些为推动中国财税法学发展所做出的点滴努力，回过头看，都显得格外珍贵，衷心希望"首都经济贸易大学财税法治文丛"办出风采，办出特色，成为我国财税法学研究文库中的一面旗帜！也祝愿祖国的财税法学事业更加繁荣、美好！

是为序。

刘剑文
2021 年于燕园科研楼

前言 FOREWORD

改革开放后的四十多年中，我国的财税制度几经调整，已基本形成了与现代化发展相适应的制度框架。回首我国财税制度改革的历史变迁，既充满着中国特色社会主义制度建设的智慧，也不乏值得我们思考并重视的经验教训。毋庸讳言，财税制度是一个国家的基础性制度，无论是国家的宏观经济秩序，还是老百姓的微观个体生活，其实都和特定的财税制度息息相关，这也意味着在现代化治理的进程中，财税制度改革仍旧是国家法治变革的重要方面，不仅需要决策者在顶层设计中的高瞻远瞩，还需要实务与理论界在具体财税问题中的小心求证，从而为新时期我国的社会主义经济制度提供有力支撑。

一般认为，我国的财税制度研究发轫于改革开放初期。财税制度从直观上理解具备浓厚的经济属性，因此大量关于财税制度的研究倾向于围绕经济现象与经济规律等经济范畴的命题进行研究，当然，这些基于统计分析、经济计量等实证方式得出的研究结果对我国财税制度建设产生了现实且重要的积极作用，自然需要保持重视并持续下去。虽如此，也应当看到，财税制度不仅事关"财税"，它的本质是"制度"。既然是制度，必然绕不开从法学层面对其结构、规范、价值等命题进行思考，因此，从法学视角切入对财税制度进行研究，对国家的财税制度改革同样具有必要性。

　　我国学界从法学角度对财税制度进行的研究大概始于 20 世纪 90 年代中后期。随着财税法学专业在法学教育中的兴起，而今已经形成了较为规模化的研究群体，也产出了许多运用法学方法、具备法理特性的研究成果。近年来，我国财税制度改革的纲领性文件多次指出要推进财税制度的法治化建设，可以预见，围绕法学理论所开展的研究将在未来愈加受到决策者的关注。

　　在此背景下，笔者将近年来围绕我国财税法治建设所作的一些思考进行了系统化整理，一方面探讨了财政权、财税责任、财税行为、财政党规等财税法理问题，另一方面对直接税制度、协力义务制度、税务法院制度等税收实体与程序制度改革方面的问题进行了研究。在此基础上，笔者还围绕数字经济、绿色经济的发展对新时期财税法治的发展进行了展望，尽可能体现出本书研究内容的法律性、多元性与发散性。当然，囿于研究能力有限以及社会经验欠缺，本书仅是笔者对财税理论研究和制度建设进行的尝试性探讨，书中的部分观点可能存在推敲空间，还望方家多加批评、指正！

胡翔

二〇二三年三月于万芳园

目 录 /CONTENTS

第一章 理论准备：法学要素的财税法思考……………… 001

第一节 财政权的结构探析与制度意义 ……………… 003

第二节 财税责任——基于归责原则的思考 ……………… 013

第三节 财税行为——基于法域性质的思考 ……………… 032

第四节 纳税人协力义务的制度建构……………… 051

第二章 本土变迁：公平分配的财税法进路……………… 061

第一节 个人所得税的制度流变与未来方向 ……………… 063

第二节 房地产税立法的模式选择……………… 091

第三章 开放视野：现代经济的财税法观察……………… 109

第一节 美国电商发展的财税法审思 ……………… 111

第二节 电商发展与税收征管制度改革 ……………… 123

第三节 "商业目的"：非居民企业间接转让股权课税之关键…… 144

第四章 制度创新：司法环节的财税法建构……………… 159

第一节 税务司法专门化的时代背景 ……………… 161

第二节 税务司法专门化建设的域外视野 ……………… 165

第三节 税务司法专门化建设的逻辑架构 ·················· 176

第四节 税务司法专门化建设的制度路径 ·················· 184

第五章 思路拓展：制度民主的财税法提炼 ················ 191

第一节 时代观察：以数字经济中落实税收法定为例 ········· 193

第二节 政治延伸：以党内规范与财税制度的交叉为例 ·········· 207

第三节 社会启示：以税收法定与环保价值的联动为例 ·········· 229

后 记 ································ 237

第一章

理论准备：法学要素的财税法思考

第一节　财政权的结构探析与制度意义

"财政权"是近年来中国财政理论与实践中使用频率很高但又缺乏权威界定的词汇，学界关于财政权的概念存在着较多争议。突破传统的财产法思维，构建财政权的纵横结构，将有助于财政权本质的深层解构。显然，财政权作为国家权力与私人权利的统摄，并非仅仅是一种语义上的概括，也是保证国家实现有效治理的必然。其主体不仅包括行使财政权的国家，还包括向国家让渡私人财产权的个体和组织，而且始终以私人财产权的良好实现为目标。依据财产在公私之间的流转关系来重塑财政权的公共性特征，进而突破财产之范畴，推导财政权结构生成的价值逻辑，不失为有效的研究范式。

一、公共财产法语境下财政权的纵横结构

古往今来，国家的运转与人民的生活一样，都需要经济基础的支撑。但显然，国家运转所需要的物质量远远高于人民生活所需要的物质量，国家机构又不可能全员参与到创造物质财产的行动中。由此，国家与人民谋求经济基础的方式出现了巨大差异：人民通过劳动、经营，获取了对财产的所有权和使用权，即财产权；而国家则依靠财政权来取得公共财产和支配公共财产。[1]此种差异造就了财政权与私人财产权之间对立与统

---

[1]　本书所指的"公共财产"，需要被严格限定。一般看来，公共财产有广义、中义与狭义之分，分别对应国家或公共团体持有之公共财产、经由私人财产转化为国家或公共团体持有之公共财产、国家或公共团体之私产。由于中义上的公共财

一的关系。财产"由私入公""由公入私"的流转与分配，客观上形成了财产法公共之维下财政权运行的纵横结构。[1]

（一）两类纵向结构

有学者提出，"如同财产权是个体的最基本权利一样，国家财政权也是一个国家最基本的权力，是国家的'生存权'。"[2]客观看来，公共财产的获取源自国家财政权的行使。那么公共财产从无到有的过程即形成了财政权的第一类纵向结构，即"私人财产—公共财产"。如洛克所言："政府没有巨大的经费就不能维持，凡享受到保护的人都应该从他的产业中支出他的一份来维持政府"。[3]公民出于"维护政府"的目的，将部分私人财产交于国家，这些私人财产的集合即为公共财产。

一般说来，国家财政权是国家（或广义的政府）获取财政收入、进行财政支出的权力。据此，财政权又可以分为财政收入权和财政支出权。[4]私人财产经财政收入权的调整上升为公共财产后，国家便可以通过行使财政支出权来实现公共财产的分配和处分。由于政府的运转是实现社会治理的必要条件，为了保障各层级政府的必要开支，公共财产在此基础上由上级政府分配至下级政府。同时，中央和地方在事权和财权上的划分还存在地方政府将其获取的公共财产向中央政府上交的情形，此

（接上页）产与私人财产权最为密切相关，甚至有此消彼长的因果关系，也是当前社会经济最突出的矛盾指向，笔者将"公共财产"的概念定位于中义上的公共财产。有关论述还可参见王桦宇："厘清公共财产的概念——兼论公共财产权的内涵、外延与本质"，载《财税法论丛》2015年第2期。

〔1〕 刘剑文：《重塑半壁财产法：财税法的新思维》，法律出版社2009年版，第3页。

〔2〕 熊伟：《财政法基本问题》，北京大学出版社2012年版，第26页。

〔3〕 ［英］洛克：《政府论》（下篇），叶启芳、瞿菊农译，商务印书馆1964年版，第88页。

〔4〕 张守文：《财税法疏议》，北京大学出版社2005年版，第36页。

时公共财产的流转方式与前种情况恰好相反。公共财产在政府间的上下流转，反映了财政权的第二类纵向结构——"上级政府—下级政府"。由于公共财产事关国家和社会的运转，政府掌握公共财产后，还需对公共财产进行管理和维护，其中上级政府对下级政府的财政管理也是"上级政府—下级政府"结构的内涵之一。

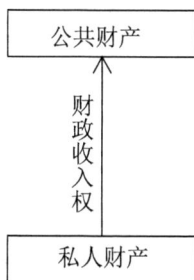

图1-1　"私人财产—公共财产"结构

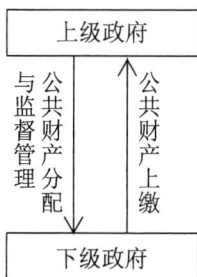

图1-2　"上级政府—下级政府"结构

（二）三类横向结构

公共财产在纵向结构中的流转需要经过公正的程序。[1]前述的财政管理还需确保流转的规范性。财政权在此基础上衍生出财政监督权来维护公共财产"收支管"架构的良性运转。财政监督不仅包括纵向上对公共财产的监督（上下级的监督管理关系，与第二类纵向结构类似），还包括横向上的监督。从监督主体的区分来看，包括权力机关的监督、审计机关的监督、司法机关的监督以及社会监督等。权力机关、司法机关对行政机关运作公共财产的监督、审计机关对行政部门运作公共财产的

---

〔1〕　公共性权利都需要正义与正当的识别。参见［德］康德：《法的形而上学原理——权利的科学》，沈叔平译，商务印书馆1991年版，第135页。

监督以及社会在整体层面上的监督，共同构成了财政权的第一类横向结构——"监督主体—监督受体"。

政府掌握公共财产后，获得了履行政府职能的物质条件，与此同时，在各类法律政策和自身职能的作用下，将公共财产投入社会的基础设施建设、福利保障安排等公共服务内。在公共财产满足其公共目的之时，也完成了其由政府向社会的流转[1]，进而构成了财政权的第二类横向结构——"政府—社会"。

在满足社会公益的同时，政府为了使公共财产增值，将部分公共财产定向投入国家经营、控制、参与的企业，遵循平等自愿的交易原则，参与市场竞争。由此可能产生两种结果：其一，政府营利。公共财产增值的部分继续以公共财产的形式存在。其二，政府亏损。公共财产转化为私人财产。须注意，此时公共财产虽然转化为私人财产，但因其是在平等主体的交易之间进行的转化，并不具备纵向结构的特征，而应当依照政府与市场之间的平等交易关系来认定。与此种情况类似的还有政府的采购行为。公共财产在政府与市场之间的流转构成了财政权的第三类横向结构——"政府—市场"。[2]

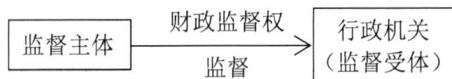

图1-3 "监督主体—监督受体"结构

---

[1] [美]史蒂芬·霍尔姆斯、凯斯·R.桑斯坦：《权利的成本——为什么自由依赖于税》，毕竞悦译，北京大学出版社2004年版，第39页。

[2] 政府于市场投资经营中获得的收益也是公共财产的一部分。虽然其是通过遵循平等的市场交易规则获得的收益，但在笔者看来，亦算私人财产向公共财产的转换，故此处不作单列。

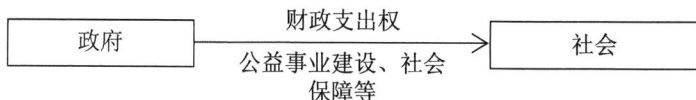

图1-4　"政府—社会"结构

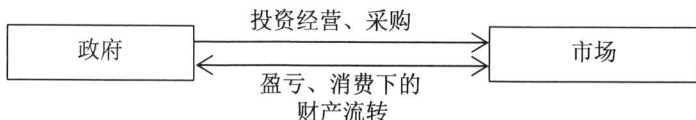

图1-5　"政府—市场"结构

由上可见，财政权围绕公共财产的流转与分配，塑造了以财政支出权、财政收入权、财政监督权为权力体系，以私人财产权为基础的纵横权力结构。

二、围绕财产的公共性提炼——权力生成、依归与克制

由于国家的财政权来自公民私有财产权的让渡[1]，如德国学者费希特所言："财政权是政府基于其公共性特质获得财产的权力，其概念起源于公权力与私权利之间的相互让渡及其矛盾关系。"[2]这种让渡的客观现实使财政权具有财产权公共化的特点。[3]而公共化是一种趋势，提炼之，便演化成了公共性，传递到了财政权本身。从财政权形成和运转的结构来看，公共性贯穿财政权的成权、行权、制权的始终，主要表现在三个方面：

（一）权力生成的公共性

权力生成即权力产生的基础。这种基础涵盖权力产生的手

---

〔1〕 刘剑文主编：《民主视野下的财政法治》，北京大学出版社2006年版，第7页。

〔2〕 ［德］费希特：《自然法权基础》，谢地坤、程志民译，商务印书馆2004年版，第208—209页。

〔3〕 让渡后财产脱离了财产权的保护范围，而进入了财政权的规制范围。

段和权力指向的内容。故此，其公共性主要包括两个方面：一是获取公共财产手段的公共性。物质财富首先是以公民劳动成果的形式存在的，然后才有国家这个公共机构加以提取。也就是说，公民权利是公民劳动成果的转化或派生形式，国家权力则是以税收等法定形式抽取自公民社会的物质财富的转化形式。此种转化形式具备天然的公共性。二是公共财产内容的公共性。应当知晓，国家的财政收入以税收、规费等为主要来源，属于全体公民之贡献和所有而具公共性。另一种观点更清晰地描述了财政权的权属内容："公共财产无论是基于税收还是费用征税等方式取得，都是对包括公民财产的无偿取得。换言之，其都属于纳税人为获取公共产品和公共服务所做的牺牲性给付。"[1]由此可见，财政权在其权力生成的结构中就已经具备了公共性。这也即前述第一类纵向结构（见图1-1）的特征。

（二）权力依归的公共性

国家的财政支出主要用于执行社会公共职能，也具有公共性。其终极目标不是国家对财政利益的掌控和持有，而是向社会提供"公共产品"。[2]从前述的第二类横向结构（见图1-4）中可以看出，政府将公共财产投入公益事业建设和社会保障的行为，正是其通过财政权调用公共财产服务于公共事业的表征。同时，即便是国家利用公共财产进行投资经营，其所获取的"增值"部分也将不可避免地被用作公共服务与公益事业建设。财政权在权力依归上的公共性伴随公共财产所隐含的公共职能与公共利益[3]，在此种"财产调用"的行为中得以彰显。

---

〔1〕 华国庆："试论财税法的本质属性"，载《财税法论丛》2015年第2期。

〔2〕 唐朱昌主编：《新编公共财政学——理论与实践》，复旦大学出版社2004年版，第75页。

〔3〕 豆星星："试论公共财产权与私人财产权的区别与意义"，载《财税法论丛》2015年第2期。

有的观点认为财政权的权力依归是为了解决市场失灵的经济问题。这种观点固然有其合理性，如一些重大和公益的建设性事业，私人很难有效参与其中，或者政府通过财政政策的调整、预算的编制可以运用经济杠杆来保障市场的稳定发展。但若将视野拓宽至财政权运行的始终，不难发现此乃"管中窥豹"，只可见市场"一斑"。即便如此，拿市场来说，市场的公共性却是再分明不过了，此与前述触及公共服务的公共性证成相互重合。

（三）权力克制的公共性

从前述第一类横向结构（见图1-3）中，可以看出财政权的制约主体是十分广泛的。从公共财产的处分看来，政府虽然具有处分权，但基于委托理论，政府只不过是受人民之托来处理公共财产，且其对公共财产的处分应当通过民主程序进行，从而最大限度地符合人民的利益。由于现代经济社会的发展，私人财产转化为公共财产的情况变得越发普遍，对财政权行使的正当性约束也愈发重要。权力机关、社会大众对公共财产流转的管控和监督，对公共财产的取得是否合法、正当，对行权过程中是否侵犯私人财产权，以及是否按照法定要求和合理性原则进行支配等问题的考量，都使得财政权的制约主体、行权标准具备了公共性的特点。

值得一提的是，有学者认为，"'公共性'着重于参与机制和公众基于该机制参与公共活动的过程，唯当'公'或者'公意'是在这种参与中得以达成时才具有公共性。"[1]政府通过财政权取得公共财产的正当性即在于此种"公共性"，"公共性"构成财政权在属性界定上的理论基础，也使得财政权具有

---

[1] 李友梅、肖瑛、黄晓春："当代中国社会建设的公共性困境及其超越"，载《中国社会科学》2012年第4期。

概念构建上的可能性。公共性还对公共财产的形成机制及其使用过程的正当程序提出了规则要求，以适应公共财产在实体层面上的价值取向。

三、现实运行的价值逻辑——超越公共财产的权力追求

公共财产的"收支管"是公共事务中最重要的组成部分，这不仅是因为当今的国家机关是以金钱价值维系的，还因为国家政体也与这种以现金极大丰富、商品交易占主导地位为特征的经济秩序息息相关。[1]为理解个中缘由，我们不得不越过公共财产本身，探求财政权在制度体征背后的价值逻辑。长期以来，由于"人们认为财政行为依附于政府的行政行为，只是为行政服务的工具而已"[2]，财政权被局限在附属性范畴，不仅在治理实践中缺乏独立性，而且相关价值研究也并不发达。随着社会的发展，现代财政权对国家治理的功能凸显，财政权的价值也开始被重视。

（一）治理之前提：财政权的政治价值

从人类文明进化的历程来看，财政权一直与国家这个集合概念共生，正因财政的供给，国家治理机构部门才得以运转，社会的各项工作才得以正常展开，财政是历代国家赖以生存和发展的基础。财政作为一个历史范畴，是与国家的产生和发展形影相随的，"不征收与开支金钱，任何政府都无法存在"。[3]

与此同时，国家对财政权的拥有和运用反映了社会经济体

---

〔1〕 刘剑文主编：《民主视野下的财政法治》，北京大学出版社 2006 年版，第4 页。

〔2〕 刘剑文、熊伟：《财政税收法》（第六版），法律出版社 2014 年版，第 15页。

〔3〕 See E. C. S. Wade and G. Godfrey Phillips, *Constitutional and Administrative Law*, Longman Group, Ltd., 1997, p. 186.

制形态的发展变化。财政权分配的演变是一个制度变迁的过程，而制度变迁具有路径依赖（path dependence）特征。在历史制度主义看来，"路径依赖指的是在一个政治系统里自我增强或正面反馈过程的动力"[1]，"历史的动力塑造了国家和社会的组织结构，而这些结构则进一步塑造、限制、抑制社会和政府行为者，并使他们获得能力"。[2]"迄今为止，人类社会存在的经济体制形态有三种，即自然经济、计划经济和市场经济。相应地，财政也就形成了不同的类型，即自然经济状态下的'家计财政'、计划经济状态下的'国家财政'及市场经济下的'公共财政'。"不同经济体制形态，财政权由不同主体行使，家计财政由君主或皇帝行使；国家财政由中央政府行使；公共财政代议机关行使决策权，政府行使收入权和执行权。无论是哪种经济体制形态，财政权收集的公共财产都为政府治理提供了可能性，是其开展治理的前提。

（二）行权之根本：财政权的权力价值

如前所述，财政权是国家治理的前提，国家政治功能的实现，立法、行政、军事和司法权的行使，必然以财政权作为动力。财政权的范围决定政府的财政职能，同时也奠定了国家与市场的分工。[3]社会经济调节和社会公共服务必然需要财政权的支持，换言之，财政权是国家的权力机构维持和运转的经济来源，没有机构作为权力运行的载体，权力就只是一纸空文的

---

[1] See Paul Pierson and Theda Skocpol, "Historical Institutionalism in Contemporary Political Science", in Ira Katznelson and Helen V. Milner eds., *Political Science: The State of the Discipline*, American Political Science Association, 2002, p. 699.

[2] See G. John Ikenberry, "Conclusion: An Institutional Approach to American Foreign Economic Policy", *International Organization*, Vol. 42, 1 (1988), p. 223.

[3] 熊伟主编：《政府间财政关系的法律调整》，法律出版社 2010 年版，第 1 页。

理论，可见财政权是国家其他权力得以衍生的基础。

由于政府作为市场经济主体之一，不仅具有从事公共经济活动的权力，而且还拥有政治权力。尽管政治权力要受经济权力的根本支配，但政治权力一旦产生，又凌驾于经济权力之上。政府凭借政治权力掌控财政的收支与分配，使财政权长时期附属于政治权力，削弱或丧失了其应有的独立性。也正因如此，财政权的基石地位才被"视而不见"。以此公共财产视角的窥入，恰好可将财政权从政治权力的笼罩中抽离出来，有益于发现其自身价值。

（三）民主之保障：财政权的工具价值

在人民主权的社会契约论下[1]，私人财产利益在时序上的优先存在是一个毋庸置疑的理论基点。虽然这种私人的财产利益需要国家这一政治权威通过特定的方式予以确认，但"人类的财产能力为财产权利的源泉，这种能力的悬殊实是人类趋向利益一致的一种不可超越的阻碍。保护这些能力是政府的首要目的。"[2]因此，每个人拥有的财产权和获取财产权的能力必须被尊重是财政权存续以及行使的基础。

从这个意义上讲，财政权更像是一种工具。如亚当·斯密对政治经济学的概述："政治经济学的两个目标，一是供人民以丰富的收入或生计；二是供国家或共同社会以充分的收入，使公务得以进行。总之，其目的在于富人民而又富其君主。"财政

---

〔1〕 卢梭的《社会契约论》对人民主权的论证分为两大步骤。他首先从个人自由的前提出发，借助社会契约的理论方法完成了从自然状态下的个人到政治状态下的人民的转化，确立了政治社会的初步结构，即"主权者—臣民"的结构，从而树立了人民主权作为政治的道德原则的权威。参见陈端洪："政治法的平衡结构——卢梭《社会契约论》中人民主权的建构原理"，载《政法论坛》2006 年第 5 期。

〔2〕 ［美］查尔斯·A. 比尔德：《美国宪法的经济观》，何希齐译，商务印书馆 1989 年版，第 21 页。

权作为统治工具的目的与之趋同。但是公共财产被政府汲取以后，公民就丧失了这部分财产的控制权，一旦政府肆意行事，侵害了公民个体的私有财产权，就会出现"富君不富民"之行为，那么财政权旋即需要面临立法权的调整和司法权的制裁。

申言之，国家是以财政权行使的方式合法剥夺私人的财产利益，财政权作为一种"侵益"的手段，其目的在于保全公民个体的剩余"利益"，而作为个体财产权的具体表现，私人财产权的作用在于对财政权的不合理"侵益"进行有效的防御。在私人财产权这一目的面前，国家财政权仅具备一种工具理性的色彩。

四、小结

财政权围绕公共财产的流转与分配，塑造了"三横两纵"的体系结构。这种结构将财产的公私两面通过权力的提炼结合在一起，为分析财政权的生成提供了思考源泉。财政权来源于全体公民私人财产权的让渡，决定了其运行与实施必须保持克制与约束，同时还须以满足公共性为目标，彰显财政权的本身价值。财政权作为权力，无法规避政治依赖权力的基本讨论，与此同时，身为权力的本身价值不能也无法被忽略。在民主社会中，所有的治理行为均需财产作为支撑，而调整财产于公于私的收入分配则是公共财产法语境中的重要命题，智慧运用财政权这一特殊工具，是破题之法亦是题中应有之义。

第二节　财税责任——基于归责原则的思考

归责原则是财税责任得以实现的前提，决定了财税主体的行为安排和利益分配。当前我国财税法律体系缺少统一的归责原则，导致财税责任规范涣散、责任制度虚置，与财税法治的制度目标相去甚远。构建统一的归责原则有助于矫正财税责任制度的偏离，确保公共财产合理有序运转的法治实现。从法律责任的理论内涵出发，因果联系原则、责任法定原则、责任确定原则和责任平等原则共同构成了财税责任的归责原则体系。此四项原则的综合运用为个案中分析具体财税行为、确定财税责任主体、适用具体责任内容提供了思路，同时还能在抽象层面助益财税规范制定、财税执法实践和财税司法控制。

　　财税责任[1]的归责原则是财税责任制度的核心构成，直接决定着损失后果在财税主体间的分配，牵动着财税主体的利益，影响着财税主体的行为。从现实情况看，我国财税法律规范中的责任规范较为混乱，财税责任制度并不完整，难以有效提炼出统一的财税责任归责原则。理论研究中，从整体财税法层面出发所进行的责任研究并不充分，多以预算责任[2]、税收责任[3]等类型化责任以及相关的经济法责任[4]为研究对象。分散式的

---

〔1〕　哈特认为"责任"一词包括四种含义：其一，角色责任，即担任或占据一定的职位、地位应负的责任；其二，因果责任，即人的行为成为某种结果的原因引起的责任；其三，法律责任，即违法者因其违法行为应受到的惩罚或被追赔偿；其四，能力责任，即某人对一定的行为负责，建立在他具有一定的正常能力的基础之上。法律责任的成立以其他三种责任为要件或基础。本书所称的财税责任即财税法律责任，以财税角色责任、财税因果责任、财税能力责任为基础。

〔2〕　相关研究：朱大旗："迈向公共财政：《预算法修正案（二次审议稿）》之评议"，载《中国法学》2013 年第 5 期；朱大旗、何遐祥："预算法律责任探析"，载《法学家》2008 年第 5 期；杜坤："预算法现代化的法治逻辑"，载《华东政法大学学报》2015 年第 2 期。

〔3〕　相关研究：施正文："税收责任适用问题探研"，载《涉外税务》2005 年第 11 期；蔡秀云："政府与公民的税收责任"，载《中国税务》2009 年第 3 期；唐慧斌："构建和谐社会过程中的税收责任"，载《税务研究》2006 年第 11 期。

〔4〕　相关研究：张守文："经济法责任理论之拓补"，载《中国法学》2003 年第 4 期；陈婉玲："经济法责任的归责原则"，载《政法论坛》2010 年第 6 期；翟继光："论经济法责任的独立性"，载《当代法学》2004 年第 4 期；刘水林："经济法责任体系的二元结构及二重性"，载《政法论坛》2005 年第 2 期。

研究造成财税责任制度难以形成一以贯之的责任思维和归责原则，而对这些研究成果的参照则加剧了立法中责任规范的涣散，间接导致不同责任规范间的重叠与冲突，并不利于财税法治的实现。

应当指出，财税责任的独立存在是财税责任归责原则论证的基础，而有关财税责任的独立性问题，相关学者已经作了一些论证。[1]财税责任归责原则的探讨本质上是延承此种研究思路进行的"拓补式"研究。因此，个中观点的立论意旨在于对财税责任理论进行深入思考，以期助益财税责任制度的系统化与法治化。对于一项责任追究制度而言，其归责原则必须能够反映整个制度的价值取向，实现该项制度的目标和功能。[2]故财税责任的归责原则应当适从财税法体系的价值、目标和功能。

一、公共财产秩序作为财税法治的归责指向

不同于民法责任、刑法责任与民法、刑法等主干性法律的对应关系，财税责任与行政责任相类似，其所对应的是多部法律规范的集合。依照财税法体系的传统分类，财税责任向下区分为财政责任与税收责任，分别对应财政法律体系和税收法律体系。从我国目前的法律文本来看，财政法律体系和税收法律体系内部以及二者之间均没有统一明确的责任分担依据，虽然有关法律责任的条文为数不少，但均以具体情形下的责任设定为主。由于完整的法律责任必须围绕其规范性要素——救济权法律关系而展开[3]，在厘清财税责任归责原则之前，尚需笔墨

---

〔1〕　刘剑文等：《财税法总论》，北京大学出版社 2016 年版，第 286—288 页。

〔2〕　林鸿潮："公共危机管理问责制中的归责原则"，载《中国法学》2014 年第 4 期。

〔3〕　有学者指出法律责任是违法者与相关救济之间的必要性联结。See John W. Salmond, *Jurisprudence*, 5th ed., Sweet & Maxwell, 1916, p. 319.

审视目前的财税责任立法究竟在救济什么，这种救济逻辑直接决定了既有归责原则的内容与状态，据此才能把握事实与规范之间的差别。

（一）偏重形式价值的财政归责

首先是目前财政法律体系内部财政责任的归责方式。我国现行的财政法律体系以预算法、审计法、政府采购法等法律为基础。这些法律的共性在于均通过专章规定了"法律责任"。[1]但显见的特点是，这些法律中均没有具体条文体现归责原则。[2]从条文内容上看，财政法律体系内部倾向于以"违法"作为责任承担的依据，立法中列举了大量国家机关工作人员应当履行的注意义务。[3]也即，国家机关工作人员承担责任的前提条件是存在职务违法行为。制定法意义上的法规范很难穷尽所有情形中国家机关应当履行的注意义务，这便导致期待通过立法的周延来保证责任合理分配的愿望难以实现，进而使财政法律体系中的责任制度产生局限。

进一步看，虽然实质"违法"归责原则的设定使财政法律体系的归责标准客观化，极大克服了过失原则的不确定性[4]，但这种将"违法"与"过失"融为一体的责任认定方式将当下我国财政层面的"违法"机械式地理解为违反各级立法部门的

---

〔1〕《中华人民共和国预算法》（以下简称《预算法》）第 10 章规定了"法律责任"，共计 5 条法律条文；《中华人民共和国审计法》（以下简称《审计法》）第 6 章规定了"法律责任"，共计 11 条法律条文；《中华人民共和国政府采购法》（以下简称《政府采购法》）第 8 章规定了"法律责任"，共计 13 条法律条文。

〔2〕 体现归责原则的条文如：《中华人民共和国民法典》（以下简称《民法典》）第 1165 条确定了"过错责任原则"；《中华人民共和国国家赔偿法》第 2 条确定了"违法归责原则"。

〔3〕 例如：《预算法》第 92 条、第 93 条、第 95 条；《审计法》第 44 条、46 条；《政府采购法》第 71 条、第 72 条、第 73 条；等等。

〔4〕 周汉华："论国家赔偿的过错责任原则"，载《法学研究》1996 年第 3 期。

制定法，导致大量的抽象财政行为以及具备技术性特征的国家调控行为无法以"违法"的标准加以评判，从而容易形成国家财政权力的进一步扩张，与现代财政制度的意蕴背道而驰。[1]从分析法理学的角度进行考察，法律对行为的调整分为对行为过程的调整和对行为结果的调整，因此责任制度的存续维系着客观法律秩序和主观法律秩序。[2]但事实是，我国财政法律体系中责任制度的设定并不关心主观法律秩序的维护，其所呈现的逻辑关系是以客观违法性要件的认定越过主观违法性认定直接确定法律责任。加之立法中大量设定责任的条款过于抽象，财政责任制度落实的难度其实是相当大的。[3]

（二）偏重工具价值的税法归责

税收法律体系呈现的则是另一种状态。我国现行的税收法律体系由税收征收管理法和各部实体税法共同组成。由于实体税法一般不涉及责任配置问题，主要的税收法律责任由税收征收管理法进行设置。现行的《中华人民共和国税收征收管理法》（以下简称《税收征收管理法》）通过专章规定了"法律责任"[4]，其中近60%的条款均旨在设定纳税人的税法义务和税法责任。对于纳税人的税法责任，法律从责任的形式（违法责

---

[1]　高培勇："论国家治理现代化框架下的财政基础理论建设"，载《中国社会科学》2014年第12期。

[2]　美国的侵权法理论将人的行为置于"可预见的世界"和"事实情况的世界"，从而区分出法律秩序的二元结构，这种划分为侵权责任的确定提供了分析思路。参见陈裕琨："分析法学对行为概念的重建"，载《法学研究》2003年第3期。

[3]　例如，我国从2007年开始用"一般公共服务支出"替代"行政管理费"，主要用于政府事业单位的正常运转。实践中财政支出规模过大和效率低下的问题迟迟没有解决，其中哪些人应该承担责任、应该承担怎样的责任，并没有相关部门予以厘清。财政资金的配置本是《预算法》的核心使命，责任规范的涣散、抽象导致责任制度并无实际的约束效力。

[4]　《税收征收管理法》第五章规定了"法律责任"，共计29条法律条文。

任、犯罪责任）到内容（罚款数额）均作出了细致的规定。对于税务机关、税务人员的责任虽然有情形列举，但责任内容方面则比较抽象。

税收法律体系和财政法律体系的区别在于参与主体的隐性和显性。由于税收法律关系中纳税人和税务机关的主体划分直接代表了国民和国家的二元结构，这种税收法律体系中公权力与私权利之间的对抗是较为直接的，而财政法律体系主要规范的是国家机关的财权配置及运行，表面上是调整国家机关的财政行为，但其背后依旧是保障全体国民公共财产权的规范运行，财政法律关系中公权力与私权利之间的对抗是隐性的。从《税收征收管理法》的立法实践来看，我国税收法律责任的设置凸显出对纳税人的严格制约和管理，其所保障的是税款征收的实现。特别是，纳税是宪法设置的第一性义务，宪法层面的强调更强化了税收法律体系中第二性义务（法律责任）的必要性。与此同时，税收是国家赖以生存的基础，在政权稳定性面前，主观法律秩序的价值几乎不太可能被认可。因此税收法律体系中强调纳税人责任也就顺理成章了。庞德在《法律责任的发展》一文中指出，我们可以有两个立足点审视法律责任：一是立足于公正，也就是所说的人与人之间的理想关系。就公正视角而言，法律责任的功能是修复他人遭受的损害而不是禁止他不实施某个行为；二是立足于权利，也就是在文明社会中对他人理性行为的合理期待权利。在权利语境下，法律责任是一个人因没能达到他人对他的合理期待而承担的责任。[1]如果税务机关没有达到纳税人的合理期待是否应当承担对等的责任，这是值得思考的问题。

---

[1] Roscoe Pound, "The Development of Legal Liability", *NACCA Law Journal*, Vol. 10, No. 186, pp. 186–187.

（三）财税二元归责结构间的分疏

从前述分析中可以看出，我国财政法律体系中的责任制度更像是对制定法完整性的某种维护。它以处置"违法"为归责前提，至于"违法"行为侵害了何种权益甚或会造成何种影响并不在其归责的考虑范围之内，加之具体条文对责任形式和责任内容的抽象化，财政责任制度在涣散的同时难以起到实际归责的效力。我国税收法律体系中的责任制度则是对实现税款征收的强制性保障，这种责任制度起源于20世纪70年代盛行的"工具式立法"[1]，即希望通过严格的义务设定达至对纳税人纳税行为的规范，从而保障税款的实现。需要探究的是，征管实践中纳税行为的规范似乎并不能满足法律的预期，税款通过某些违法方式的实现在一定程度上也能消解税法责任的严苛。[2]

财政责任规范过于强调形式价值和税收责任规范过于强调工具价值，使我国财税法律体系缺乏稳定的保障系统，同时财政责任规范和税收责任规范在形式、内容、目标上的差异也引起了财政法律体系和税收法律体系之间的失衡。在公共财政的背景下，财政法和税法两面一体，打通了征税和用税之间的关系，使公共财产的收支管同国家与公民的利益结合在一

---

〔1〕 几乎所有如今流传的关于法律的主要理论和实证观点都是在20世纪60年代和20世纪70年代期间发展而来的，或植根于这一时期，并用工具主义术语来界定法律。法律的经济分析、批判法学研究及其成果、法律运动与社会运动、法律实用主义和法治的正式版本，这些学说都将其核心观点建立在"法律是实现目的的手段"这一基础之上。参见〔美〕布赖恩·Z.塔玛纳哈：《法律工具主义：对法治的危害》，陈虎、杨洁译，北京大学出版社2016年版，第165页。

〔2〕 例如，地方政府税收竞争所引发的税收议价。在税收政策由政府主导制定的模式下，权力中心通常会根据租金的最大化来制定并执行具体的税收政策，当政府是"掠夺性"时，政府相对于纳税人的"议价能力"和资本对政府的"贴现率"，会成为政府确定税收制度的重要变量。对于那些纳税能力较强的企业，其议价能力也相应较强。参见靳文辉："论地方政府间的税收不当竞争及其治理"，载《法律科学（西北政法大学学报）》2015年第1期。

起，[1]因此，无论是财政法律体系还是税收法律体系，它们共同的目标并非一味遵循教义法学所主张的制定法的完备，也并非片面追求社科法学提倡的工具性价值。从法律最基本的原理出发，它们共同指向的是财税主体之间经由财税法调整的权利义务关系。显然，在目前的法律认知和法律实践并不充分的前提下，财政法体系和税法体系所调整的财税法律关系并不一致。财政法体系中财税主体主要是国家的财政部门，在行政权过度膨胀的现实情况下，公权力的随意性原本偏高，抽象化的责任规范则进一步恶化了这一局面。税法体系中财税主体由税务部门与纳税人共同组成。在第一性义务得到宪法保障的前提下，财税责任规范成为一般纳税人的管理工具，在税款实现时发挥作用。而财政责任制度无法有效限制公权力与税收责任制度无法有效保障私权利，诱致财税法律体系二元结构间的分疏。

二、法治财税对统一归责原则的现实吁求

从历史的角度看，财税法在古今中外的国家治理中一直扮演着重要角色。在"夜警国家"向社会国家过渡的同时，责任制度一直是财税制度变革的重要组成部分。为了保证法律的实效性，用强制力使违法行为得到惩戒是一种有力的措施，有效提升了财政收支的刚性，法律责任制度也因此备受推崇。[2]而具体到法律责任的评价机制中，归责原则实际上发挥了承上启下的作用。[3]由于确定财税责任的构成要件与应用领域的前提

---

〔1〕 刘剑文："学科突起与方法转型：中国财税法学变迁四十年"，载《清华法学》2018 年第 4 期。

〔2〕 ［美］E. 博登海默：《法理学：法律哲学与法律方法》，邓正来译，中国政法大学出版社 2004 年版，第 360—362 页。

〔3〕 朱新力、余军："国家赔偿归责原则的实证分析"，载《浙江大学学报（人文社会科学版）》2005 年第 2 期。

是明确责任的归责原则，科学的责任制度一定具备严密的归责逻辑和有效的归责原则。为发挥一体化财税制度的治理实效，整体归责原则的提炼不仅重要而且必要。

（一）统一归责原则促进财税规范生成

本质上看，财税法主要涉及国家财政权与私人财产权的平衡协调。[1]无论是财政法规范还是税法规范，它们都与财政权力背后的公共财产权以及财税权利背后的纳税人权利相关联，因此财税法规范的一体性愈加受到关注。换个角度看，财税法规范作为一个上位概念，是纵向层面财政法规范和税法规范的集合。作为一个独立的法学领域，它还从横向上具备法理学范畴内的一切特征。申言之，由于一个法律秩序由规定制裁的规范及其所保证的规范共同组成[2]，财税法规范中制裁性规则体系是保障一般性法律规范得以实施的基础。

自 2014 年起，我国就已步入了财税立法快车道[3]，2015 年"税收法定原则"写入《中华人民共和国立法法》（以下简称《立法法》）以后，财税立法的进程进一步加快。可以想到，一个庞大的财税法律体系至少能在形式上满足"有法可依"的制度需求。但是法治的基本方式离不开"科学立法与严格执法"，解决好财税法律供给的质量问题是当下财税立法绕不开的考验。而即便一般性财税规范评级优良也难以脱离责任规范的保障。厘清归责原则是责任规范生成的基础，不仅能解决目前财政法律体系和税收法律体系中责任规范的涣散问题，还能提升财税规范的整体性、科学性和合理性，为财税法的具体落实

---

〔1〕　刘剑文等：《财税法总论》，北京大学出版社 2016 年版，第 262 页。

〔2〕　［奥］凯尔森：《法与国家的一般理论》，商务印书馆 2013 年版，第 63 页。

〔3〕　李萍、苏御："税收立法工作进入提速快车道——访全国人大代表、全国人大财经委委员王力"，载《中国税务报》2014 年 3 月 12 日，第 1 版。

奠定基础。

(二) 统一归责原则助益财税治理实践

上文讲到，归责原则在责任制度的价值评价中能够发挥承上启下的作用。就"上"而言，法律责任的实质是统治阶级国家对违反法定义务、超越法定权利界限或滥用权力的违法行为所作的法律上的否定性评价和谴责，是国家强制违法者做出一定行为或禁止其做出一定的行为，从而补救受到侵害的合法权益，恢复被破坏的法律关系（社会关系）和法律秩序（社会秩序）的手段。这种抽象性的价值评述需要通过归责原则的具体化转化至个案中进行过错认定并进行利益衡量。[1]就"下"而言，归责原则进一步为责任评价标准中的客观化提供了基本的操作框架。也即，在应对具体财税案例时，能够通过对财税主体的确定和对财税行为的分析判定责任承担的主体、方式和内容。

在治理实践中，财税法是典型的分配法，直接涉及相关权力以及利益的分配。从实践的需要而言，分配正义必须是可以具体化的规则和制度体系。由于效率优先发展的制度思维，我国财税法的公平价值长期受到潜在的压制，财税法调节收入分配的功能也一直未得以有效发挥。[2]这其实违背了我国"效率优先、兼顾公平"的发展策略，分配秩序混乱的首要原因就是财税责任不明确。具体来看，至少包括四个面向：一是预算法的责任制度过于空泛，导致大量违法的预算外资金、制度外资金充斥于国家财政治理之中；二是税法体系的责任制度未能限制公权力，导致实践中滥用税收优惠、征过头税的现象严重，

---

〔1〕 张文显："法律责任论纲"，载《吉林大学社会科学学报》1991年第1期。

〔2〕 张守文等：《公平分配的财税法促进与保障》，北京大学出版社2017年版，第136—137页。

加重了纳税人的"税痛感"；三是转移支付制度中的责任体系缺失，导致财政转移支付特别是专项转移支付中的资金违规使用；四是财税立法的随意性较强，行政性立法的大量存在严重影响了财税法再分配中的刚性设定。前述四个面向看上去是典型的制度局限[1]，但仔细思考，如果出现分配危机和财政问题时，有清楚的责任界定与划分，使相关的财税责任落实到具体的单位和具体的人员并可操作执行，那么前述四个面向中预算外资金、滥用税收优惠、违规使用专项拨款和随意性立法等问题至少能得到相当程度的克制。建构统一明确的归责原则亦是为解决这些问题提供治本之策。

（三）统一归责原则保证财税法治发展

如前文所述，从法律最基本的原理出发，财税法指向的是财税主体之间经由财税法调整的权利义务关系。未来财税法治发展的道路中，解决收入分配不公的矛盾必须在发挥财税法分配与保障功能的基础上，注重协调各方利益，使各个财税主体的法定权利获得平等的保护，对拥有财税权力的主体进行规范和合理限制，从而理顺其间的权利义务关系。目前的状况是，财税法律体系过度凸显纳税人的纳税义务和违法责任，对权力机关虽有义务设定和责任限制，但明显不足以和纳税人的规范安排相比较。

在民主权利日渐彰显的法治国家，对私人财产应当伸以扶持之手，而非掠夺之手。[2]这种扶持不仅仅是设法增多纳税人的权利条款，还应当严格控制权力机关权力的随意扩张。在责

---

〔1〕 张守文等：《公平分配的财税法促进与保障》，北京大学出版社 2017 年版，第 143 页。

〔2〕 刘剑文："掠夺之手抑或扶持之手——论私人财产课税法治化"，载《政法论坛》2011 年第 4 期。

任制度中，如果对纳税人的归责持续保持重视，而轻视对国家机关的归责，只会不断加剧纳税人面对国家公权力时的弱势局面。确立统一的归责原则是平衡国家与国民间权义关系的重要路径。在这种归责原则的牵引之下，财税主体才能真正找到平等的地位。须知道，在法律面前的平等不仅是权利或权力设置的平等，同时也是义务设定和责任承担方面的平等。

三、归责原则的四维构建与逻辑基础

统一的归责原则应当包含哪些内容是接下来需要论述的问题。应当阐明，笔者对财税责任的尝试性论述并不同于某些观点对传统法律责任的"超越"[1]，而是建立在对传统法律责任理解的基础上，从法理学角度对责任理论在财税法研究中的一些审思。法律责任本质上是为了维护法律秩序，对于财税法而言，财税责任制度是为了维护公共财产合理有效运转的法律秩序。而公共财产的合理有效运转以各个财税主体合法履行财税义务、合理行使财税权利为前提。也即，财税主体承担法律责任的本质原因是侵害了公共财产权，破坏了公共财产合理有效运转的法律秩序。依照前述分析，责任承担的原因可以被区分为财税主体违反财税义务、超越法定财税权利界限或滥用财税权力。

---

〔1〕 有学者指出，我国行政法学界的诸多研究成果呈现出一个共同问题："忽视了对相关学术传统的继受，许多学者往往从各自的立场出发，'创造、发明'形式各异的归责理论或标准，有的甚至有违基本的学术研究规范。"参见朱新力、余军："国家赔偿归责原则的实证分析"，载《浙江大学学报（人文社会科学版）》2005年第2期。具体到责任的研究中，有学者将经济法责任的独立性和异质性视为对传统法律责任的超越。参见王辉："论法律责任的困境与经济法责任的超越"，载《甘肃政法学院学报》2011年第2期。还有学者运用"定性定量"的思路创设了具有经济法特色的"新型归责原则"。参见陈婉玲："经济法责任的归责原则"，载《政法论坛》2010年第6期。

从责任判断的全过程来看，首先需明确违法行为与损害结果之间的因果关系，具体的财税主体才具备可归责性。确定好应当承担财税责任的主体后，就需要依照法律规定进行责任的设定，其中责任的方式、范围、程度、期限都需要依照法律规定进行适用，一方面提升归责的效率（法定内容的直接适用），另一方面保障归责的公平（法定内容是国民意志的体现）。此外，为了排斥权力和财富在归责过程中的干预，还需保证责任分配中的主体平等和内容平等。归责原则也由此展开。

（一）因果联系原则——财税行为与损害后果的关联性

不可否认，过错财税责任依旧是归责原则的起点，但在财税法领域，责任并不能被简单地理解为"谁过错谁承担责任"，否则实务中会出现大量的责任推诿和"临时工"现象，甚至还会引起官员的不作为。这对于重视经济建设的国家而言，并非可行的激励机制。换种思路，将行为与结果间的联系作为出发点，也即承担财税责任的前提是财税主体的行为与损害结果之间存在因果联系，明确公共财产运转的法律秩序受到侵害的结果是否由该财税行为引起。当然，这里还需考虑前述主观的法律秩序的影响，即行为主体的内心真意与行为之间的因果联系。

财税事项关乎国家治理甚至政权稳定，因此客观法律秩序的维护比主观法律秩序的维护更为重要，对于财税责任归责，应当更加注重财税行为与损害结果之间的因果联系，但也不能忽视主观法律秩序的规范意义。例如，某税务部门的财务人员受部门领导指示进行违法操作，该财务人员内心并不想从事违法行为，但因连续工作过度疲劳造成操作失误，依旧导致了税款流失，此时，虽然该财务人员的违法行为并不是其思想支配的结果，但针对税款流失这一后果，该财务人员依旧需要承担责任，这主要是由于该财务人员的操作行为与税款流失之间存在直接的因果联系。如果该案中财务人员因听从领导指示进行了违法操作导致税款流失，该领导的指示行为与税款流失之间便也存在因果联系。

除了具体的财税行为与损害后果间的因果联系，抽象的财税行为也应当被纳入因果联系的范围，即因某一财税规范的出台导致公共财产权受到侵害。典型的情况如某一个或某几个享有宏观调控权的机关运用抽象的财税规范对财政秩序造成的消极影响。这不仅破坏了对国民的信赖保护，还使宏观经济遭受了巨大损失。显然，这种抽象的财政行为与市场损害后果之间存在直接的因果关系，如何确定宏观调控主体的责任也成为近年来被广泛讨论的话题之一。[1]由于财税主体的任何宏观调控行为都能对社会财富进行再分配，通过因果联系原则来确定相关职能部门的责任，不仅是信赖保护原则的需要，而且也能厘清个案中的财税权义关系，明晰应当承担财税责任的财税主体，达至"责无旁贷，有责难逃"的归责局面。

（二）责任法定原则——财税法定与规范制定的可靠性

以法治国家而论，法的安定性防止了国家对国民自由财产的干涉，并赋予了国民的经济生活以预测的可能性。[2]法律责任作为一种否定性法律后果应当由法律规范预先设定。在确定好应当担责的财税主体之后，应当按照事先规定的责任方式、范围、程度、期限来追究相关主体的责任。这也进一步表明责任法定在归责原则中的法理映射。从本质上看，财税法责任制

---

〔1〕 具体可参见胡光志："论宏观调控行为的可诉性"，载《现代法学》2008年第2期；颜运秋、李大伟："宏观调控行为可诉性分析"，载《中国社会科学院研究生院学报》2005年第1期；吴越："宏观调控：宜政策化抑或制度化"，载《中国法学》2008年第1期。

〔2〕 陈清秀：《税法总论》，元照出版有限公司2010年版，第40页。

度中的责任法定原则应当是税收法定原则和财政法定原则的共有部分，唯有依照具体的责任规范对相关财税主体定责，才能保证公共财产的运行符合民意。[1]

责任法定原则进一步要求在对相关财税主体归责之时应当有法可依，并且有良法可依。解决责任立法的供给和质量问题使归责成为可能，否则，即便通过因果关系确定了责任主体，也会因无法可依导致责任主体难以承担责任，使这些主体成为"脱缰的野马"。因此，科学制定责任规范也是未来财税法治发展的关键，唯有责任法定，才能确保税收法定和财政法定落到实处。

（三）责任确定原则——义务分配与责任承担的有效性

目前，我国财税责任追究机制还存在很大问题，其中就包括国家机关责任规范过于抽象。例如，我国《预算法》中规定了"责令改正""给予处分""追究行政责任"，但究竟由谁"责令改正"、如何"改正"，由谁"给予处分"、如何"处分"，由谁"追究行政责任"、如何"追究"等问题，都付之阙如。这便导致依照法律进行的归责最后也成为"天方夜谭"。现实运行中也着实难觅对国家机关追责的实例。[2]

由此，责任确定原则便成为财税责任归责原则中的重要构成。也即，对财税责任的追责主体、担责方式、责任范围、惩罚程度、履责期限应当有明确规定。我国《税收征收管理法》在纳税人责任规范方面的规定证明责任确定原则已经受到财税立法者们的重视，让责任确定原则完整化不仅是归责原则的内

---

[1]　刘剑文："落实税收法定原则的现实路径"，载《政法论坛》2015年第3期。

[2]　刘剑文主编：《财政法学》，北京大学出版社2009年版，第323页。

生需要，同样也反映着国民意志对公权力行使的关注。[1]另外，责任确定不仅是立法技术层面的要求，还会传导至财税司法层面。在财税诉讼中，法官裁判应当以财税法为裁判依据，责任确定的财税规范同时也是司法运行的重要保障，从而可在根本上提升财税法的法治力度和法治价值。

（四）责任平等原则——财税主体与归责结果的公平性

归责中责任平等原则的这种平等包括横向平等和纵向平等。横向的平等是指同样的违法行为应当承担相同的责任。例如，一个大企业和一个小企业均采用关联交易各自逃避 100 万元的税款，那么此二者就应当承担相同的补缴税款甚或接受处罚的财税责任，以此类推，国家机关在政府采购的行为中如果涉及平等交易中的增值税缴纳等事项，应该和一般纳税人无异，均具备纳税义务[2]，一旦存在不缴纳税款的情况，就应当按照一般纳税人的主体身份承担财税责任。纵向平等是指不同程度或不同性质的违法行为应当承担与之相适应的财税责任。例如，上级政府挪用了专项扶贫资金 2000 万元进行政府楼堂馆所修建，下级政府挪用了基础建设资金 100 万元进行开发投资，两者在性质上虽然同属违反了《预算法》的相关规定，但由于程度不同，二者承担的财税责任也应当有轻重之分。

责任平等原则是公平原则在财税法中的贯彻，同时它也为财税责任的归责方式提供了根本思路，排除了特权［无义务的

---

〔1〕 有学者认为法律责任的目的是对人的行为起到引导作用，以确保社会公认的权利的实现。法律责任的相关规则兼具预防性和修正性。See Stig Jorgensen, "Liability and Fault", *Tulane Law Review*, Vol. 49, 2（1975）, p. 329.

〔2〕 国家参与交易时被人格化为私法的主体。参见［奥］凯尔森：《法与国家的一般理论》，商务印书馆 2013 年版，第 298 页。

权利，特别是国家机关的权力]、级别等因素在责任制度中的影响力，主张各个财税主体在责任制度中的一视同仁。应当指出，在执法和司法的过程中，必须坚持对责任平等原则的贯彻，不可纵容权贵者在公共财产运行秩序中的肆意妄为，也不可因公权力膨胀而畏惧对国家财税部门责任人的归责。党的十八大以来，中共中央对财税责任问题倍加重视，出台了诸多责任规范规制党政机关的财税行为[1]，这是财税责任制度得到优化的积极信号，为财税责任的归责提供了政治保证。

四、财税实践中归责原则的法治价值

马克斯·韦伯曾坦言：如果一种制度可以从外部得到这样一种可能性的保证，即人们都特别愿意为遵守法规或惩处违法行为的目的而运用强制力（物理的或心理的强制力），那么这种制度就可被称为法律。[2]财税责任归责原则的建构本身是强制力在财税法领域加以运用的方法归纳。应当指出，目前我国财税责任法律体系呈现出的涣散问题，归根结底是长期以来财税宏观调控思想泛滥所引发的后果之一。不可否认，宏观调控在我国市场经济建设中的确发挥了灵活解决市场问题的作用，但随着宏观调控的强化，它已严重影响了法律的安定性，宏观调控思潮的泛化更是使之与"政府干预"相等同。[3]为了保证政府治理中的效率，行政权力的范围与尺度往往非常广泛、分散、

---

〔1〕　刘剑文、胡翔："法治视域下财政党规的三维审思——制度定位、功能拓补、理念建构"，载《法学杂志》2019年第2期。

〔2〕　参见［美］E. 博登海默：《法理学：法律哲学与法律方法》，邓正来译，中国政法大学出版社2004年版，第362页。

〔3〕　徐澜波："规范意义的'宏观调控'概念与内涵辨析"，载《政治与法律》2014年第2期。

模糊和多变[1]，这在很大程度上是以牺牲法律责任制度为代价的，政府的财税权力也因此面临失控的风险，地方债的失控就是其中一个表现形式。[2]形塑有效的财税责任制度是规范政府财税权力，保障国民财税权利的不二法门，其间，归责原则的建构是财税责任制度规范生成和治理实践的核心，在财税法治的未来发展中至关重要。

具体到归责原则的构建，因果关系原则是财税责任归责的前提，只有厘清因果关系，才能明确财税行为与损害结果之间的逻辑关系，进而确定应当承担责任的财税主体。责任法定原则和责任确定原则共同为财税责任的归责提供了规范依据和可操作性，遵循责任法定和责任确定的原则，不仅能解决责任规范的抽象性问题，还能使责任承担者受到真实有效的制裁，进而确保权力和权利都在制度的笼子里得到规范。责任平等原则旨在消解财税责任承担中的特权，确保"法律面前，人人平等"，从而提升制度的正当性和有效性。这四项原则并非"天马行空"的创设，而是法律指向的权利义务关系在财税法领域中的延伸，目的在于维护公共财产合理运行的财税法律秩序。

环视财税法治工作的各个环节，就立法而言，归责原则的明确在排除随意性立法的同时，会增强各个责任规范间的联系，这不仅是立法技术进步的要求，也是消减规范重叠和冲突的方

---

〔1〕 刘同君、李晶晶："法治政府视野下的权力清单制度分析"，载《法学杂志》2015年第10期。

〔2〕 由于事权与财权的非对称性造成地方财政失衡，在巨大的财政负担下，地方政府通过融资平台贷款、信托贷款、城投贷款等各类方式举债的做法已不鲜见。加之依靠投资刺激发展的经济增长模式和以国内生产总值为核心的地方官员政绩考核体系的双重压力，大量地方政府债务应运而生。这就归因于举借地方债的财税行为缺乏责任规范进行制约或规范未被有效执行。参见宋琳："财政风险金融化视阈下的地方债置换法律规制问题研究"，载《西南大学学报（社会科学版）》2018年第1期。

式，在财税规范的创设阶段呼应着清理冗杂行政性规范的政策方针；就执法而言，以因果联系为基础，通过责任法定和责任确定的方式合理设置财税主体的责任，执法中的裁量自由也能得到一定程度的规范，为了凸显纳税人的权利保护，公平原则也凸显出了必要性；就司法而言，由于我国目前的财税司法还是行政司法的组成部分，财税司法的技术性问题也没有得到良好解决，财税司法侧重于对逃税行为的追责，财政归责则体现出浓厚的政治色彩，财税责任归责原则的提炼将国家机关责任和相对人责任置于同样的法治平台，强化法律对权力的控制，能够分散执政风险，缓和国民矛盾。

当然，由于领域的开放性，我国财税责任表现出政治责任、行政责任、刑事责任甚至是民法责任在类别上的错杂和嫁接。性质和功能上的多元性决定了我国财税法律责任制度法治化进程中的复杂性。但毋庸置疑的是，财税法中即便责任形式可能有其他法域的特色，但只要它调整的是财税行为，规范的是财税秩序，就应当被视作财税责任。对财税责任的归责不仅是理论命题，同样是实践中具备难点和痛点的命题。构建财税责任归责原则体系尚且还局限于理论思考的层面，实务中该如何让责任真正归属到具体的财税主体，还需从财税责任立法开始。

五、小结

我国当前的财税体制中，责任制度很大程度上是为纳税人而制定的。由于责任规范的涣散，财税归责呈现出对不同财税主体的差异化对待，国家机关在归责中的实质缺席虽然提升了市场经济建设的效率，但经济和社会发展的质量难以得到保障。财税法是维护公共财产有效运行的法治体系，在秩序的维护面前，所有的主体都应自觉遵循既定的规则，否则权力的肆意扩张会让权利保护消失殆尽，进而侵蚀权力本身的正当性和有效性。从法理视角进行考察，财税主体、财税行为和财税责任之间的有机联系让财税法治凸显出财税法自身的统一归责的特点。前述四点归责原则的论述也进一步证成责任的有效归属是法治财税的优选路径。当然，也应清楚看到理论建构和实践探索间的鸿沟，但秉持明确的原则对财税责任进行判定是大势所趋，更是法治必然。

第三节　财税行为——基于法域性质的思考

财政制度与税收制度的分体研究割裂了公共之财由收至用的整体纽带，不利于形成多元主体并重的财税制度。行为是制度规范的对象和核心，行为视域中的"财税一体化"思维能帮助制度协同找到切入点。作为尝试性的理论拓补，领域法范式、"财税一体化"思维与一般法理借鉴为探究财税行为理论提供了正当性语境支撑。提炼财税行为有助于在同一制度框架下对财税行为的主体进行区分并界定明晰的行为责任，从而矫正财政制度与税收制度二者在理论和实践层面的失衡，对财税制度之善治与延展具有现实意义。辨析相邻法域的行为特征又能进一步凸显财税行为自身的独立性。在此基础上，推进财税行为的法治化研究，将为财税制度的均衡发展提供智识供给与理论支撑。

一、问题的缘起

党的十九大报告中指出："我国社会主要矛盾已经转化为人

民日益增长的美好生活需要和不平衡不充分的发展之间的矛盾"。[1]事实上，发展不平衡的肇因是区域、产业间初始资源要素配置不合理，后续经济权利和经济制度的供给错位和失衡又进一步放大了这一缺陷。[2]具体到法治场域中，新形势下的社会矛盾集中反映为制度发展的不平衡与人民对"良法善治"的需要之间的矛盾。由此，改善制度间不均衡的发展状态就显得尤为重要。其中，作为财富分割利器的财税制度，因其在消弭社会资源配置不均、均衡地方财政和调节阶层收入等方面的现实功能，可作为矫正制度发展不平衡的突破口。[3]

从法律视角考察财税制度，不难发现财税制度本质上是围绕财产权利的运行所进行的体系化构造。由于公共之财存在收、支、管三个部分，财税制度也相应被分为财税收入制度、财税支出制度和财税监管制度。现实是，受路径依赖等因素的影响，大量研究割裂了公共之财流转的整体性，将财税制度分化为财政制度与税收制度进行单独研究，诱致二者在理论研究的深度和广度上形成差异，进而使税收制度与财政制度的发展呈现出不均衡态势。从本质上看，前述问题的出现是由于理论与实务界的具体操作中还未能形成对"财税一体"的认知，在对策思维长期主导财税理论研究和制度实践的情况下，建立统一财税观有助于整合传统的割裂式研究。法律规范的最终目的是规范

---

[1] 习近平：《决胜全面建成小康社会 夺取新时代中国特色社会主义伟大胜利——在中国共产党第十九次全国代表大会上的报告》，人民出版社 2017 年版，第 11 页。

[2] 许多奇、唐士亚："财税法的衡平发展功能及其法治构造"，载《法学杂志》2018 年第 3 期。

[3] 现代财政制度之所以能有效平衡不同的利益，是因为它并不从改革风口浪尖的着力点入手，尝试平衡相关的利益关系。参见刘剑文等：《财税法总论》，北京大学出版社 2016 年版，第 397 页。

具体的行为[1]，同时法律本身所设定的各种要素也都是基于法律主体的行为而展开的（以财税法为例，见图1-6）：主体需要通过实施行为来展示法律设定的权利和义务，责任需要行为付诸实施才有确定的可能。因此提炼以财税行为为核心的理论框架是财税法律规范、财税制度得以整合的最优选择。[2]

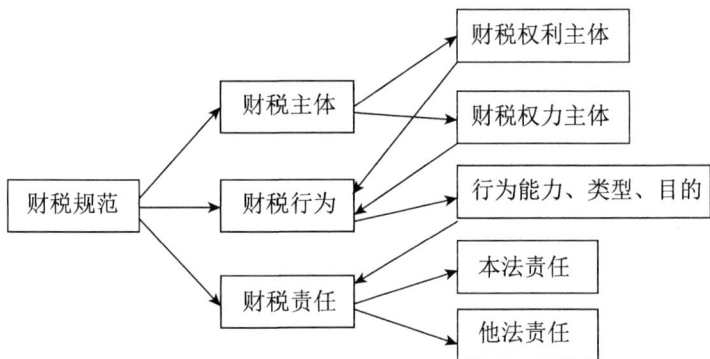

图1-6　以财税行为为核心的财税法理论体系[3]

　　另外，单就国民的财税权利而言，因权利支配的形态取决于具体的行为，欲加强对国民财税权利的保障，就需以明确财税行为的规范方式为前提。例如，国家处分公共之财的行为如果不加以规范，极易导致国家行为失控，进而违反国民意志对公共之财进行处分，此时，国民的财税权利即面临损害风险。

----

〔1〕　张文显：《法哲学范畴研究》（修订版），中国政法大学出版社2001年版，第63页。

〔2〕　例如，对于财税立法的指导功能。绝大部分法规的目标都是塑造人类行为，鼓励对社会有益的行为，抑制对社会有害的行为。Robert A. Prentice, "Chicago Man, K-T Man, and the Future of Behavioral Law and Economics", *Vanderbilt Law Review*, Vol. 56, 6 (2003), pp. 1665-1780.

〔3〕　类型化区分的内容可参考刘剑文等：《财税法总论》，北京大学出版社2016年版，第254页。

又如，纳税人向国家缴纳税款的行为如果不加以规范，极易引发逃税漏税等现象，进而破坏国家的税收公平，本质上依旧损害了国民的财税权利。财税行为作为财税制度规范的对象，对财税权利的保障和财税法治化建设意味良多。行为视域中考察"财税一体化"意味着必须明确财税行为这一要素，构筑财税行为理论。

二、要义示明：行为理论的财税法反思

随着法学理论研究的逐步深入，重要法域对相关行为理论的塑造也日渐成型，从私法领域的民事行为理论到公法领域的行政行为理论均是行为理论形塑的重要表征。遗憾的是，财税法作为调整财税领域的法律，研究中使用"财税行为"等概念的论著日渐繁多，但对于财税行为理论本身的研究几乎处于空白状态。[1]财税法研究在行为理论层面的缺席，已经在很大程度上影响了我国财税法学科，甚至是财税法治建设的发展，例如，没有明确财税行为的内涵，就难以解释纳税人的纳税行为与征税机关的征税行为之间的共生性与异质性，税种立法的逻辑也容易出现紊乱。

本质上，纳税人的纳税行为与税务机关的征税行为存在共同的客观目的，即为国家运行提供财政收入。两者的不同在于行为的主观目的，纳税行为在发生之时主张尽可能少缴税，而征税行为在发生时并不会以少征税为目的。如果不能有效分疏纳税行为与征税行为的共生性和异质性，征纳关系中的行为目的就难以被整合起来，这便导致相应的财税规范的设计目的不明确，进而在实施中出现问题。例如，《中华人民共和国个人所得税法》（以下简称《个人所得税法》）即缺失征税行为的目

---

〔1〕　刘剑文、陈立诚："财税法总论论纲"，载《当代法学》2015 年第 3 期。

的考量，而纳税人的纳税行为又倾向于少缴税，这就造成实务中征管机关被动收集信息（法律未设定行为责任），纳税人针对部分隐性收入则怠于申报（纳税行为未能得到有效规范），个税法[1]的调节分配功能相应减弱。

行为理论在财税法研究中的缺席除源于财政对政治体制、宪治环境和经济政策的高度敏感性外，还受其他两个因素的影响：一是财税法在我国的发展相对较晚，与民商法、行政法、刑法和诉讼法相比，缺乏理论积淀；二是财税法所调整的国家财税权力关系具有复杂性、多元性和主体异质性的特征。[2]一部法律甚至是一个制度体系应当有一个统一的基调，即其规范的对象并非越多越好，而是规范的对象间一定存在某种共性，便于有效发挥这部法律的主要功能。财税行为的提炼就是在整合财税法所规范的对象，使其能有一个可供比较研究的平台，并促进财政行为规范与税收行为规范的协同。进一步看，如若能对财税行为进行类型化提炼，也能帮助厘清财税法律调整的边界与范畴。[3]

如果说传统法学侧重于研究实体规范（规则）、规范体系以及结构关系，那么现代法学的关注点正在从具体规范转移到具体行为上，并通过观察、解释法律行为来解释法律现实。如前所述，广义上的财税行为是财税法律关系的直接形成原因，是财税法的法律主体、权利义务以及具有法律意义的事实的具体化，决定了财税法律关系的特征（图1-6也已印证了这种逻辑

---

[1] 即个人所得税法。

[2] 佘倩影："财税行为理论综述——兼谈财税法学理论建构的本土意识"，载《财税法论丛》2018年。

[3] 例如，《预算法》一般被认为能够调整预算行为，预算行为又包括对收入的预算，而税收是财政收入的主体，由此，预算法调整税收收入的情形如何界定？其究竟应当界定为财政行为，还是税收行为？

结构）。因此，财税行为是理解特定财税活动的具体方式，是把握财税法上各项制度设计的关键点。

将财税行为理论予以独立研究，在理解财税法自身特色和法律理论基础引鉴的同时，以平衡中国当下财政制度与税收制度的发展为基点，发现、建构符合中国理想图景要求和实践状况的财税行为概念框架和体系结构，提炼财税行为的概念要素、基本类型、范畴边界、分析范式与效力评价的方法与标准，澄清财税行为的独立价值与功能定位，不仅有利于建立和完善财税法学的基础理论，而且可为解释和规范各类财税行为模式提供指引，确保财税法自身的价值彰显。

三、学理支撑：财税行为的语境铺陈与思维范式

尽管先行研究中已有论述涉及财税行为理论的研究意义，但仅是从宏观上作了表述，并未细细推敲。[1]倘若研究视野过于宽泛，则容易导致财税行为的提炼存在“自说自话”之嫌[2]，同时，一味强调财税行为具备重要研究意义也并不是需要提炼此概念的充要条件。相反，财税行为本身就是受财税法调整的对象，只是长期以来，传统的部门法问题备受关注，而新兴的领域法问题没有得到重视。直至近年，财税法、环境法等领域法的勃兴，才使人们开始关注领域法中的法学理论问题。[3]实

---

〔1〕　参见刘剑文等：《财税法总论》，北京大学出版社 2016 年版，第 243—244 页。该著作中将财税行为的研究意义划分为“行为是法学研究中心议题”“打通学科发展的经络”“为法治实践提供指引”三个方面。

〔2〕　法学研究本身就是为了充实理论基础、引导法治实践。如果微观的法学研究都仅是“扣上”这种抽象意义的“帽子”，那么，无论具体研究是否具备真实有效的意义，都显得不那么重要了。

〔3〕　关于领域法学的相关论述，参见刘剑文：“论领域法学：一种立足新兴交叉领域的法学研究范式”，载《政法论丛》2016 年第 5 期。

际上，无论是对法制运行之客观存在的描述，还是基于法理学的演绎移植，财税行为的研究都具备正当性。

（一）共性与个性的协调——领域法范式

须指出，苛求"放之四海而皆准"的真理并非本书的立场，正如美国社会科学家科恩所言，"任何一个理论都必须具备相应的限定条件……一个理论定律的限定条件越窄、越严格，则越难以被证伪"。[1]财税法学是以财税为领域，法学为基本元素，融经济学、政治学和社会学于一体的应用性"领域法学学科"[2]。近些年财税领域的社会经济问题愈加呈现出交叉性、复杂性特征，这些社会问题本身包含着隶属不同部门法体系的法律关系，故而以其为调整对象或调整方法的法律也就必然会横跨多个部门法，且往往具有综合、多元的特征。因此，在财税法乃至环境法、互联网法、教育法、科技法等新兴学科中，作为对社会问题现实回应的立法构想与学理架构，往往无法在传统部门法理论框架内获得合理的解释与适用，法学学科系统分工精细化与法律现象复杂化之间的矛盾愈加凸显。

从本质上看，财税行为实为"财政行为"与"税收行为"二者间共性的提炼。财政行为重视财政制度的宏观把控，而税收行为强调税收的法定与公平。单从字面理解，二者似乎分属特定领域，但深究两者背后涉及的财产归属与国民关系的基本命题，二者都能被有效整合。例如，纳税人与国家预算之间的关系探讨、税收法定与财政体系之间的作用诠释，均需财税行为的概念进行协调。

（二）财税一体化——财税行为的逻辑起点

财税行为之于财税法有点类似于行政行为之于行政法、民

---

〔1〕 陈瑞华：《论法学研究方法》，法律出版社2017年版，第13页。
〔2〕 刘剑文："论领域法学：一种立足新兴交叉领域的法学研究范式"，载《政法论丛》2016年第5期。

事行为之于民法。财税法的法律逻辑来源于"财税一体化"的研究思想：财税法在广义上包含了财政法与税法，虽然税收是财政收入的一种组织形式，但由于税法的研究相对成熟，一般先于对财政法的研究，且税收对国家的建立与维持具备特殊意义，税法在法学研究领域往往被认为构成了一个独立的内容。[1]但是这种独立又不至于让税法与财政法完全分离，因为即便税法具备研究层面的独立性，也不能忽略税法中所蕴含的财政收入权对财政法的影响。这就使财政法与税法之间形成了无法分离又无法重合的交互关系。

在行为视域中作"财税一体化"的考察，是对财税法一体化研究的深入。如此延伸能够避免"削足适履"的僵化思维，使行为理论更好地贴合财税法的实质内涵。[2]行为本身是法律关系的组成部分，无论是公共之财的支配者还是被支配者，二者均是财税法律关系的参与者。公共之财的支配者和被支配者共同构成了财税法律关系的主体范畴。而这种围绕公共之财所做的界分本身就来自"财税一体化"的研究思维。根据传导关系，"财税一体化"进一步充当了财税行为的逻辑起点。

（三）财税行为的法理引鉴

回顾法律自身的发展史，从诸法合一到部门划分，再到领域法的勃兴，不同法域的相互影响往往是由最基本的形式借鉴开始的，进而成为价值沟通的桥梁。有学者指出，关于财税行为的研究，可以从两方面推进：一是对"财税行为"范畴本身

---

〔1〕 李大庆、王利军："'财税一体化'的法律逻辑与制度决定——一种公共财产法的视角"，载《财税法论丛》2015年第2期。

〔2〕 用财税行为的概念来统摄财政行为与税收行为两个方面，学界中还没有专论。长期以来，财税行为多被视为宏观调控行为的一种，受此局限，财税行为的研究并不发达。"财税一体化"的思维打破了这种局限性，为财税法的研究提供了开放空间。

进行分析，即借鉴法理学以及其他法律学科关于行为的普遍研究成果，从主体、功能、目的等角度全面地界定财税行为，揭示财税行为的法律特征，进而剖析其要件与效力；二是对财税行为开展类型化梳理，为了探讨对不同行为的法律控制与规范，有必要将财税行为细分为若干类别，再分别讨论其规范原理、重点与具体路径。[1]

近年来，学界有观点论证了财税法是"公共财产法"，划定了私人财产权与国家财政权之间的界限。[2]从这个角度而言，财税行为一定是与公共财产的创造、取得、管理和分配进行对应的。提出财税行为，可以在相应的行为范畴中树立行为主体意识，并制定出具体的行为规范，以此来引导各个环节的财税行为，维持公共财产的合理运转，进而有效发挥财税法的功能。哈特在论述法律的开放结构时指出，在任何大型团体中，社会控制的主要工具一定是一般化的行为规则、标准和原则。[3]财税行为的提出是财税领域行为规则、标准、原则的基础，能够让从事财税工作的各类主体明白"他们应该做什么"。由此观之，财税行为具备自身的法律特征。

四、行为内涵：兼顾一般法理与财税领域特性

从领域法语境的铺陈，到基于"财税一体化"思维的制度描述，再到出于法理学上法律关系基本结构的演绎推导，笔者试图以此证成财税行为的正当性。但好比要明了"法律"一词的真义，"必须把法律体系描绘出来"那般，财税行为的内涵必

---

〔1〕 刘剑文、陈立诚："财税法总论论纲"，载《当代法学》2015年第3期。

〔2〕 刘剑文、王桦宇："公共财产权的概念及其法治逻辑"，载《中国社会科学》2014年第8期。

〔3〕 ［英］哈特：《法律的概念》（第二版），许家馨、李冠宜译，法律出版社2011年版，第124页。

须明确〔1〕，又因为领域法同时具备领域特性和法属性，而财税法身为典型领域法，所以财税行为的内涵又兼顾一般的法理特征和财税法独立特性。

（一）事实行为的排除

明晰财税行为内涵的首要任务是厘清财税行为究竟是纯粹法律层面的行为模式，还是要将意思表示视为财税行为的核心。〔2〕这有助于我们确定财税行为的整体范畴〔3〕，也能够赋予财税行为理论独特性并认可其独立价值。

行为理论最早起源于民法领域。〔4〕在民法领域中，按照主流观点，民法行为可以区分为民事法律行为和民事事实行为。〔5〕基于这样的划分逻辑，部门法学在构造各自的行为理论时，容易不自觉地模仿民事行为的结构，重视事实行为与法律行为的二分。〔6〕那么，财税行为的研究是否能够按照路径依赖区分出财税法律行为和财税事实行为呢？有观点指出，从税法的角度看，不能将法律行为作为税收要件法律关系发生的原因，并提出"当事人所表示的意思仅仅在于发生一定的民事后果，绝不

〔1〕 ［美］博登海默：《博登海默法理学》，潘汉典译，法律出版社 2015 年版，第 17 页。

〔2〕 ［德］维尔纳·弗卢梅：《法律行为论》，迟颖译，法律出版社 2013 年版，第 29 页。

〔3〕 这里的厘清过程其实是确定财税行为是否包含事实行为的过程。

〔4〕 一般认为，法律上的行为是 18 世纪—19 世纪法律科学为私法领域所形成的概念。［德］维尔纳·弗卢梅：《法律行为论》，迟颖译，法律出版社 2013 年版，第 39 页。

〔5〕 事实行为，是指行为人不具有设立、变更或消灭民事法律关系的意图，但依照法律的规定能引起民事法律后果的行为。它的意思表示是本体目的，而非法律目的。参见宋炳庸：《法律行为基础理论研究》，法律出版社 2008 年版，第 131 页。

〔6〕 例如，行政行为是否包括行政事实行为在行政法学界备受争议。"行政事实行为是一个在国内外行政法学理论和实践中颇有争议的问题。"参见王锡锌、邓淑珠："行政事实行为再认识"，载《行政法学研究》2001 年第 3 期。

会将发生纳税义务作为意思的内容"。[1]该论述主要是想认定财税行为包括财税事实行为，明显的疑问在于，纳税人实施缴税行为为何会有期待发生民事后果的意思表示？《中华人民共和国宪法》（以下简称《宪法》）第 56 条规定："中华人民共和国公民有依照法律纳税的义务。"这已经明确说明纳税人缴税实质上就是在履行宪法规定的义务。因此，前述判断尚存在逻辑上的矛盾。

如果以意思表示为判定标准，就应该看到，公民依法纳税不仅是国家在法律制度上的强制规定，还是公民遵从法律规定的一种体现。虽然不能保证每一位纳税人都将"我很愿意纳税"作为其意思表示，但是无论是"我想纳税，所以我纳税"，还是"我要守法，所以我纳税"，在宪法的强制性规定下，纳税人在纳税行为中没有民法上"私法自治"的自由。只要纳税行为得到实施，反映的都应该是一种真实有效的意思表示，即"无论愿意还是不愿意，我应该履行纳税义务"。此外，由国家实施的财政行为必须是国家为了达成某种财政目的而实施的行为，如果国家没有真实的意思表示，是绝对不可能发生财政行为甚至是财政法律关系的。因此，在财税行为理论中统一套用"意思表示"的标准似乎"水土不服"。

不可否认，在法律领域，有些法律现象是可以先于法律存在的，如合同之于合同法、垄断之于反垄断法，甚至犯罪之于刑法。合同、垄断和犯罪原本都是一种客观的经济和社会现象，它不依赖于立法者的主观意志而存在。这些立法目的在于将上述现象划入法律控制的轨道。然而，不以国家意志为基础，租税不会出现；不以法律为基础，各类财政性治理手段缺乏实施

---

〔1〕 刘剑文、熊伟：《税法基础理论》，北京大学出版社 2004 年版，第 56—57 页。

依据。这便说明租税和财政首先应该是一个法律现象，具有法律属性，其次才具有经济和社会属性。[1]同时这也是税收法定主义和财政法定主义两大原则的依据。由此看来，事实行为在财税行为的论证中存在逻辑上的困境。

（二）法律行为与财税行为的联系

法律行为的原初语义是合法的表意行为。体系化"法律行为"理论的集大成者萨维尼基本是将"法律行为"视为"意思表示"的同一概念。[2]无论是民法学界提出的意思表示成立的过程[3]，还是法理学界所主张的法律行为的构造[4]，无一例外将法律行为置放在私法领域进行探讨。由于财税法具有促进社会公共利益的目的，以及其主要调整的国家与纳税人之间、税务机关与纳税人之间的关系均属于公法性质的法律关系，再加上其主要依靠的是强制性财税法律，这就决定了它作为公法的秉性。[5]由此观之，并不能简单地通过私法视角将传统法律行为的概念套用到财税法领域。

那么，是否又能直接从现有公法的视角去理解财税行为呢？下文以行政法为参照。法律行为理论因其本身的"价值中立"，被诸多部门法借鉴。其中，行政法学界对行为理论的引入，构

---

〔1〕 李大庆、王利军："'财税一体化'的法律逻辑与制度决定——一种公共财产法的视角"，载《财税法论丛》2015年第2期。

〔2〕 ［德］汉斯·哈腾保尔："法律行为的概念——产生以及发展"，孙宪忠译，载杨立新主编：《民商法前沿·第1·2辑》，吉林人民出版社2002年版，第144—145页。

〔3〕 梁慧星教授将意思表示的构造归纳为四点：其一，现有某种动机；其二，基于该动机产生意欲发生一定法律效果的意思；其三，有将该效果意思向外部公开的意识，即意思表示；其四，为向外部发表该效果意思的行为，即表示行为，这样，通过表示行为将效果意思表示于外部，而完成意思表示。参见梁慧星：《民法总论》（第二版），法律出版社2001年版，第169页。

〔4〕 刘星：《法理学导论》，法律出版社2005年版，第169—173页。

〔5〕 刘剑文等：《财税法总论》，北京大学出版社2016年版，第65页。

造出了行政行为的概念，由于行政法对行政行为的定性大多集中于管理行为和处罚行为，严格意义上的行政行为是指行政机关发生行政法上效果的法律行为。[1]其重在强调行政机关之"公"属性，而行政相对人在行政行为理论中似乎并不能算作一类行为主体。这一点和财税法重视纳税人的定位是不同的。因此，也不能简单地通过公法视角将公法意义的法律行为套用到财税法领域。

私法与公法中的法律行为理论因其维护的利益面不同，对于相关法律行为的主体、标的、内容、性质等方面的定义也有差异。尽管有人试图提炼公法行为与私法行为的共性，指出"法律行为是指能够按照当事人意思表示的内容设立、变更、终止相互间平等权利、义务关系的行为"[2]，但还是将意思表示塑造成行为的核心，对于财政性治理这样的行为来说，此类观点依旧没有捕捉到财税法的特性。

(三) 利益与博弈视角切入

无论基于狭义，还是广义，财税行为的"涉税性"和"财政性"均决定了其涵盖范围十分广泛，很难在权利和义务以及责任的层面引申出一句话对其进行概括和界定。有观点曾论及税收行为的同一性，并提出不论哪种税收行为，都至少有一个共同点，即均属博弈行为。其还指出无论是国家还是国民，无论是征税主体还是纳税主体，其行为的"博弈性"都概莫能外。[3]那么财政行为又是否具备博弈性的特征？根据利益主体假设，国家和市场以及社会都具备各自的利益。一般地讲，国家利益

---

〔1〕 靳文辉：《经济法行为理论研究》，中国政法大学出版社 2013 年版，第 34 页。

〔2〕 宋炳庸：《法律行为基础理论研究》，法律出版社 2008 年版，第 253 页。

〔3〕 张守文："税收行为范畴的提炼及其价值"，载《税务研究》2003 年第 7 期。

是指民族国家追求的主要好处、权利或受益点，反映这个国家
全体国民及各种利益集团的需求与兴趣。市场利益是指市场参
与主体及其关联方的利益集合。社会利益是反映在个人利益之
中的一般的、相对稳定的、不断重复的东西，是人的最强大的
利益基础。[1]这些利益之间经常会产生冲突，国家的财政行为
（如专项转移支付）也是为了调和这些利益之间可能产生的矛
盾。从博弈的角度看，国家与市场和社会的利益调和，也可视
作国家与市场的博弈、国家与社会的博弈。[2]故从主体间关系
的角度进行考量，将财税行为视为博弈行为具备一定的合理性。

这种在宏观上抽象的内涵显然没有法律性，而前述的公私
法提炼的共性又不具备经济性。通过对法律性和经济性的整合，
本书认为财税行为是指财税主体之间为了谋求自身利益围绕财
税法律实施的博弈性行为。[3]值得一提的是，这里的"自身利
益"是广义的自身利益。以纳税人个体的利益为例，财税行为
的类型化处理中一定存在财税合法行为与财税违法行为的类型
化。无论是合法的缴税还是违法的逃税，都是纳税人维护自身
利益的体现。纳税人缴纳税款后，能获得国家公共服务的提供，
这是宏观上确定的"利益"，而纳税人如果实施逃税行为，目的
在于保障眼前的经济利益不被剥夺。因此，以利益为要素充实
财税行为的内涵有利于更好地观察财税制度的整体。

五、相邻比照：公私领域行为关系之厘清

明确行为内涵的方式一般分为两种，一种是"规定功能的

---

〔1〕 孙笑侠："论法律与社会利益——对市场经济中公平问题的另一种思考"，
载《中国法学》1995 年第 4 期。

〔2〕 冉富强："当代中国财税汲取的法治逻辑"，载《当代法学》2017 年第 1 期。

〔3〕 这里之所以选用"围绕"二字，主要是考虑到一些财税违法行为的存在，
能让此概念更加周延。

方法"，即从概念的基础或者结构入手进行界定，另一种则是"最邻近的属加种差"的方法，即明确此概念与彼概念之间的典型差别。[1]前文中，笔者已经通过"规定功能的方法"对财税行为进行了界定，并消解了事实行为理论和法律行为理论对财税行为理论可能产生的影响，结论是财税行为并不是民法思维下以意思表示为核心的法律行为，也不包括排除意思表示能单独引起法律效果的事实行为。领域法视域下，财税行为自身就是一个上位概念，税收行为和财政行为都是财税行为的下位概念。本部分则主要通过厘清财税行为与相邻领域行为之间内涵上的"种差"，进一步明确财税行为的内涵。如前文所述，财税法同时具备公法与私法的秉性，故此，此处论述的"种差"以公法领域和私法领域的行为为参照标准。

（一）财税行为与公法领域行为——以行政行为为例

选取公法领域行为的代表——行政行为进行比照。税款的征收和财政性措施的行为主体都是行政机关，这就很容易使财税行为与行政行为产生混同，因此有必要加以廓清。目前，我国行政法学界对行政行为的界定方式主要包括严格方式和宽泛方式。严格方式的立场将行政行为局限于"行政处分""行政决定"上，使其与"行政合同""行政指导"等行政行为相并列，从而保持自身逻辑的严密性；宽泛方式的立场无法用几条特征之间的合取或析取关系来下严格定义，而只能下一种基于某类行政行为的优势分布的带有概率性的宽泛定义。[2]无论是哪种方式立场，由于不同学者的研究角度不同，得出的概念定义也

---

〔1〕 窦海阳：《论法律行为的概念》，社会科学文献出版社2013年版，第77页。

〔2〕 李大勇："行政行为分类的逻辑考量"，载《法律科学（西北政法大学学报）》2013年第5期。

不同，行政行为成了一个"开放性、包容性"的概念，并没有形成较为清晰的共识。

正如卡尔·拉伦茨所言："选择何种要素以定义抽象概念，其主要取决于该学术形成概念时所拟追求的目的。"[1]既然没有办法直接在概念的内容上进行辨析，至少可以尝试在提出相关行为的目的上进行辨析。行政行为概念的提出是为了实现梳理和规范行政权，达到依法行政管理、服务行政救济的目的。[2]而财税行为概念的提出则是为了在相应的行为范畴中树立行为主体意识，并制定出具体的行为规范，以此来引导各个环节的财税行为，维持公共财产的合理运转，进而有效发挥财税法的功能。此外，在中国法律中，行政行为的范围其实已经被司法解释进行了扩充，至少认定了行政事实行为属于行政行为的一种。而如前文所述，财税行为中并不包括事实行为。可见财税行为与行政行为在提出目的和涵属范畴上都存在明显的区别。

（二）财税行为与私法领域行为——以民事行为为例

选取私法领域行为的代表——民事行为进行比照。民事行为是私法范畴的概念，具体内容是：行为人结合意思表示所做出的引发权利义务产生、变更、消灭并达成一定的民事法律关系的行为。[3]其重在调整平等主体间的私法关系，也是为了维护私法层面的利益。在民事行为中，由于当事人享有意思自治，

---

〔1〕［德］卡尔·拉伦茨：《法学方法论》，陈爱娥译，商务印书馆2003年版，第318页。

〔2〕从法治理论上讲，行政主体及整个行政系统承担着执行国家意志的职能，其行为方式是对已经设定的行政权按照法定程序行使。参见关保英："行政主体法外设定行政权力研究"，载《当代法学》2016年第6期。

〔3〕王冠玺："法律行为、民事行为、民事法律行为概念辨析——及对民法总则制定的启示"，载《求是学刊》2015年第5期；另见朱庆育："法律行为概念疏证"，载《中外法学》2008年第3期。

可以根据自身的意志进行民事活动，包括订立契约、缔结婚姻关系等。而财税行为是一个兼具公法与私法性质的行为。规范财税行为有利于社会财富的公正分配、保护纳税人的合法权益。

财税行为的主体是多元化的，包括平等主体与非平等主体。例如，财政部门向同级的机构进行款项拨付就是典型的平等主体间的财税行为。而纳税人向国家缴纳税款，以及国家对地方进行专项转移支付都属于非平等主体间的财税行为。财税行为与民事行为在主体的界定上存在明显差异。此外，民事事实行为的存在是学界广泛认同的。财税行为作为纯粹法律层面的行为模式，并不能在事实层面与民事行为进行比较。这也是二者的重要区别。

（三）财税行为与经济法行为——经济行为的区分

选取同具经济性的经济法行为进行比照。近年来，一些学者提出了经济法行为的概念，例如，有的学者认为经济法行为就是经济法主体行为，包括宏观调控行为与市场规制行为[1]；有的学者则认为经济法行为包括"微观角度"的"社会经济管理"行为和"宏观角度"的"社会经济管理"行为[2]；还有学者认为经济法上的"行为"无疑也必须是经济法律所规定的行为，而且经济法上的"行为"是一种动态的行为，较为凸显其"行动"特征，因而也可称为经济法上的"行为行动"。无论哪种归纳方式，都强调了经济法行为的经济性。

毋庸置疑，经济法能够体现出公私融合的特点，有的学者指出："经济法对具有经济性、社会性、管理性的经济关系进

---

[1] 张守文："略论经济法上的调制行为"，载《北京大学学报（哲学社会科学版）》2000年第5期。

[2] 徐孟洲、杨晖："法律行为与经济法行为的关系——经济法行为的正当性"，载《经济法论坛》2008年。

行调整，在调整的过程中加入规制、调控主体的意志（国家意志）……扩大了'意思表示'的内涵"[1]。这的确与财税法中财政行为的特点有一定重合，毕竟财税法就是带有经济性的法律，但是不能忽视财税行为所具备的其他特点。

以下借用本章第二部分所提及的财税法语境，对财税行为作类型化梳理。财税行为的若干类别中包含两类重要行为：一是国家预算行为，二是财政收支划分行为。考察财税法的功能，就可以看出在规范理财行为的过程中，财税法实际上是在处理中央与地方、立法与行政等主体间的关系，预算审批、财政收支划分等理财问题其实都是关涉国家政治架构与运行的根本性问题。由此表明财税行为的法律依据和影响范围可能比经济法行为更为广阔，它甚至可以以国家的宪法以及宪法性法律作为制度渊源。

民法和行政法分别作为私法和公法领域的典型代表，均已内嵌了关于自身行为理论的研究，以民事行为和行政行为作对比，也恰好是私领域与公领域行为的区分。与此同时，经济性虽然是财税法与经济法的共性，但是由于财税行为与经济法行为调整的主客体存在差异，作出清晰划分也是为了凸显财税行为的特性。

六、行为规范：财税制度均衡发展的法治指向

前文以行为领域的"财税一体化"切入，提炼、论述了财税行为的内涵。以小见大，应当指出，财税法作为新时代具有代表性的领域法，是国家治理与法治建设的重要手段。令人担忧的是，由于理论深度不足和研究的局限性，我国财税法学科

---

[1]　徐孟洲、杨晖："法律行为与经济法行为的关系——经济法行为的正当性"，载《经济法论坛》2008年。

在变迁过程中时常呈现出较强的政策依附性，财税法理论往往随财税政策而演变，甚至异化为对现行财税政策的合法性注脚。[1]长远来看，这并不利于我国财税法治的发展。

财税法中的任何一项制度都需要在一个体系化的背景下加以理解，也只有学科体系均衡发展的财税法才可以完成学理建构、法律改进等学科目标。当前我国财税法学研究已进入寻求方法论突破和自主理论建构的重要阶段，但由于目前财税法学在理论层面的体系化和系统化，距离成熟学科还有一定的距离。基于不同的价值定位与研究重点，财税法学的研究格局较为分散。制度实践中也已习惯于试点先行与渐次改良的路径依赖，因此财税法学理论往往缺乏整体视野和通盘考虑，基础理论的体系整全和逻辑周密难以达成，随之而来的是制度安排无法统筹兼顾和相互协调，在很多环节呈现出失衡之势（实例在文章中有列举）。建构包括价值功能、类型区分等面向在内的财税行为理论的过程，也是我国财税法理论逻辑与制度逻辑逐渐同步的过程，随着法学理论在财税法研究中的进一步深入，亦可使这些理论转换为对财税现实的法解释、法适用与法评价的工具，最终达至财税法理论构造的均衡，实体规范体系的均衡、理论研究与制度实践的均衡。

回归本书，在行为视域中考察"财税一体化"是财税法律关系、财税主体、财税权利（力）、财税责任等财税法基本要素的研究前提。除理论效用外，财税行为的提炼对财税法制度实践的增益至少体现在三个方面：其一，财税行为规范的提炼将协调财政收入与财政管理的制度，一定程度上能够调和财政部

---

〔1〕 如财政制度和税收制度在实行层面互相独立，财税法的研究也分化为财政制度研究与税收制度研究，财税法未来发展的方向一定包含打通财政制度与税收制度之间的既有隔阂。

门与税务部门长期以来就财政收入与财政管理之间所存在的重叠与交叉，更好地将两类部门的工作密切联系并协同起来，促进财政部门与税务部门间权力配置的均衡。例如，城市维护建设税的"专款专用"就要求统筹税务部门的征税行为和财政部门的用税行为。其二，"财税一体化"研究对财税行为的提炼将财政法与税法调整的对象从行政法中剥离出来，这也为财税司法体制谋求了创制空间，有利于明确行政司法行为与财税司法行为的二分，减轻行政权力对纳税人权利的侵犯，促进财税立法、执法与司法的均衡。其三，在我国当前的财税法治语境下，财税行为的部分行为类别作为国家行为的重要面向，可成为服务于财税法治化与税收法定的目的性创设，进一步提升财税法秩序的可理解性、可预测性与可接受性，达到国家和纳税人在权责分配上的均衡。

第四节　纳税人协力义务的制度建构

有关征税主体与纳税主体的权利与义务的规定，是各国税法至为重要的内容，由此税法权利与税法义务具有了税法学基本范畴的地位。因多方面的原因，我国税法更加侧重于对税法义务，特别是纳税主体的税法义务作出规定。征税机关在税收征管实践中也非常强调纳税人纳税义务的履行[1]。在这样的既存条件下，完善税法义务的设计显得尤为必要。纳税人协力义务作为税法义务的一个重要内容，是从规制负担行为的角度保障纳税人权利的关键，但其在我国理论界还没有得到足够的重视。我们需要突破既有研究的局限，从理论上对纳税人协力义

---

[1]　张守文："略论纳税主体的纳税义务"，载《税务研究》2000 年第 8 期。

务施以梳理和分析，对我国纳税人协力义务制度的完善提出理性的建言。

一、完善纳税人协力义务的背景

（一）宪法上"纳税义务"的直接规定

我国《宪法》第 56 条规定："中华人民共和国公民有依照法律纳税的义务。"有学者指出，"宪法义务是为保障国家的存在和持续发展而规定在宪法中的公民义务，这些义务体现了国家与公民之间的相互依存的关系"〔1〕，相应地，纳税义务表现为公民对国家承担的宪法义务。宪法上规定纳税义务得以完成必须是以金钱给付义务和协力义务二者完成为前提，因此宪法所述"依照法律纳税的义务"必然包含金钱给付义务和协力义务两个方面。换言之，宪法已经用法律条文确定了纳税人协力义务。

（二）"税收法定"写入《立法法》

2015 年 3 月 15 日，第十二届全国人大第三次会议通过了修改立法法的决定，在我国正式确定了税收法定的原则。从一般意义上说，一项法律制度能否得到良好的实施不仅取决于其实体内容方面的完善，设计程序方面的保障也是必不可少的，因此税收法定还要求有良好的程序设计。税收法定写入《立法法》，说明我们从根本上平衡了法治的根基，具有划时代的意义。

不难发现，规范纳税人协力义务其实也是通过两个方面来落实税收法定原则的：一方面，税收法定要求立法者在立法的过程中对各个税种征收的法定程序加以明确规定，而协力义务的履行必然是各个税种中必定经过的法定程序，协力义务的规范化会带动纳税行为的程序化，进一步提升课税效率。另一方

---

〔1〕 李勇："宪法义务规范研究"，载《兰州商学院学报》2006 年第 5 期。

面，协力义务的规范[1]又对征税机关及其工作人员的征税过程进行了规制，使其有权而不能任性，必须依照税收程序法要求纳税人履行协力义务，这不仅保障了纳税人的程序性权利，还能在客观上促进其纳税意识的提升。

二、纳税人协力义务的理论框架

税务机关出于公平、合理、准确地核定税额并完成税收征管任务的目的，往往需要纳税人在履行金钱给付义务的同时，相应地履行诸如税务登记、纳税申报、账簿凭证管理、配合税收检查等义务。这类义务虽然属于税收程序中产生的附随性义务，却是税收征管程序中十分重要的部分，其设计直接影响税收征管程序的优劣，也是考量程序价值的指标之一。我们有必要对其理论框架进行分析。

（一）纳税人协力义务的一般概念及其法理分析

1. 纳税人协力义务的一般概念

理论界多位学者对纳税人协力义务作出过定义[2]。陈敏教

---

[1]　在税收法定原则的指引下，必须对纳税人协税义务的构成要件进行明确规定，包括纳税人协税义务的主体、客体、内容、权利、义务等，都应当由法律作出明确的规定。因为如果法律不对纳税人负有的协税义务进行明确规定，行政机关就可以凭借宪法中有关纳税义务的规定对纳税人进行超越职权范围的执法，严重损害纳税人的合法权益。尽管公民负有依法纳税的义务，但是这种义务同时也意味着一种权利，即拒绝税务机关超越法定范围征税和课予义务的权利。国家必须保护纳税人的基本权利，必须形成实质及程序都正当的税法秩序与规制义务，也就是说公民享有的纳税人权利具有要求国家保障课税正当程序的功能。因此不难看出，国家行使税收权也应当受到公民纳税权利的限制。

[2]　在各国的税法上，笔者并没有找到关于纳税人协力义务的法律定义，虽然在《德国租税通则》中，笔者注意到了"当事人之协力义务"一章，但其内容除规定账册及申报等协力义务外，并无协力义务的明确定义。我国《税收征收管理法》中关于纳税人协力义务的规定散见于各法条，但是也没有对纳税人协力义务作出定义。在日常生活中，人们对于协力义务的概念更是模糊，虽然像登记、申报等是每

授认为，租税义务人或第三人之协力义务系指有关机关、团体或个人，有接受税务机关调查并做成相应配合之行为义务。而黄源浩先生则认为，税法上之协力义务系指在租税课征程序之中，课予纳税义务人协助机关探知课税事实或阐明租税法律关系之义务。另外，洪家殷教授将纳税人的协力义务定义为借由人民协力，使税捐稽征机关得以掌握各种税籍资料，发现课税事实，减轻稽征成本并达到正确课税之目的。

从前述归纳可以看出，陈敏教授和黄源浩先生对于纳税人协力义务的适用范围、主体、客体均作了明确阐述，但显然后者比前者表达得更为准确，是在前者基础上的发展。而洪家殷教授的定义更侧重于纳税人协力义务的必要性，他提出了纳税人履行协力义务的意义，即减轻了税务机关的稽征成本，又达到了公平课税的目的。综上所述，笔者认为纳税人协力义务是公法范畴内基于纳税人的纳税义务而衍生的，纳税人帮助税务机关厘清课税事实的义务。一般来说税法上协力义务主要有五种类型：一是申报及报告义务，二是陈述及提示义务，三是制作账簿及会计记录义务，四是说明义务，五是接受调查义务。换言之，纳税人有提供税务相关资讯的义务。

2. 纳税人协力义务的法理分析（义务分层）

纳税人权利和纳税人义务作为现代税法学概念体系中的一对基石范畴，在税法学研究中理应受到人们的同等重视。然而，现实的法律研习人员大多偏向于对能激励纳税人行为的法律权利进行研究，对纳税人义务的讨论或是附着于对纳税人权利的研究，或是视而不见。这大概是因他们对权利和义务之间关系的

（接上页）一个纳税人必须履行的义务，但纳税人对于履行协力义务有助于保护自身权益这方面的内容了解并不多。出于对定义严谨性的考量，笔者引入了几个学界主流观点。

认识而导致的一种结果和状态[1]。基于此种考虑，笔者对纳税人协力义务略作法理分析，从理论层面论证纳税人协力义务对纳税人权利保障的重要性。

当前，公民在社会生活中的许多领域和许多环节都要以直接或间接的方式向政府履行各种各样的纳税义务。在税收法律关系中，纳税人按照税收法律规定的纳税主体、客体、税种、税率以及纳税方法和纳税期限等事项而承担纳税义务，形成了一定的税收债务关系。

税收债务关系是指由税捐之给付所生之财产上的权利义务关系，包括税捐请求权、退税请求权或返还请求权等。这就决定了纳税人所负担的纳税义务与税务机关为依法核定及征收税款进行的税收征管之间产生了一种无法分割的连带或者相互依存的关联，使得纳税人必须对税务机关的税收征管负有一定程度的协助义务，即纳税人的协力义务。可以说，协力义务是纳税人义务的一个重要方面[2]，协力义务源于纳税人的纳税义务，而且纳税义务是纳税人协力义务的唯一来源。

（二）纳税人协力义务的理论意义

笔者在前文中从法理层面论述了纳税人协力义务和纳税人权利之间的逻辑关系，也对域内外研究的情况作了一定的概括，但是理论研究不能只从单方面去分析其必要性，还应从整体上提炼纳税人协力义务的理论意义。

根据税法基本原则中公平原则和效率原则[3]的要求，税务

---

[1] 参见钱大军："法律义务的逻辑分析"，载《法制与社会发展》2003 年第 2 期。

[2] 纳税人义务主要包括纳税义务和协力义务两个方面。

[3] 在一般含义上，税收效率原则所要求的是以最小的费用获取最大的税收收入，并利用税收的经济调控作用最大限度地促进经济的发展，或者最大限度地减轻税收对经济发展的妨碍。

机关和纳税人在整个课税过程中都应当为或者不为一定的行为。对于税务机关而言，纳税人主动或经税务机关要求提供有利于阐明课税事实的相关信息，可以节约税务机关大量的人力、物力而实现其课税目的。而纳税人提供的相关信息也有助于提高课税的透明度，更易于减少税务机关的工作疏漏，提高其工作效率，利于做到公平课税，在实质上保护纳税人的权利。

三、完善我国纳税人协力义务制度的构想

缺陷永远先于完善方案。在谈及我国纳税人协力义务制度的完善和纳税人权利保护之前，笔者认为有必要对我国纳税人协力义务制度设计情况的既存缺陷进行梳理，以期对症下药。

（一）我国纳税人协力义务制度的既存缺陷

通过观察《中华人民共和国税收征收管理法实施细则》（以下简称《税收征收管理法实施细则》）第 20 条[1]、第 31 条[2]、第 44 条[3]所列的协力义务，可以发现该法在责任承担方面没有设置任何内容，而这并非法律的纵容。通过查阅相关文献和法条，笔者以为"行政协力义务"主要包括：税务登记证公开悬挂义务及丢失及时报告声明作废义务、邮寄及电子方式申报应符合特殊要求的义务、配合委托代征义务等。对于这

---

〔1〕《税收征收管理法实施细则》第 20 条第 1 款规定："纳税人应当将税务登记证件正本在其生产、经营场所或者办公场所公开悬挂，接受税务机关检查。"

〔2〕《税收征收管理法实施细则》第 31 条第 1 款规定："纳税人采取邮寄方式办理纳税申报的，应当使用统一的纳税申报专用信封，并以邮政部门收据作为申报凭据。邮寄申报以寄出的邮戳日期为实际申报日期。"

〔3〕《税收征收管理法实施细则》第 44 条规定："税务机关根据有利于税收控管和方便纳税的原则，可以按照国家有关规定委托有关单位和人员代征零星分散和异地缴纳的税收，并发给委托代征证书。受托单位和人员按照代征证书的要求，以税务机关的名义依法征收税款，纳税人不得拒绝；纳税人拒绝的，受托代征单位和人员应当及时报告税务机关。"

些义务的违反，法律的明文规定虽然并没有损害纳税人的实际利益，但仔细考量之，可以发现其存在使当事人时间成本增加、效率价值减损的可能性[1]。有些甚至可能导致其他协力义务的违反，从而引起责任的产生。例如，邮寄及电子方式申报应符合特殊要求的义务，违反该义务将可能拖延纳税申报的处理，甚至导致纳税申报不能履行，从而引发违反纳税申报而产生的责任。

我国现行法律所配置的协力义务责任或后果都是针对纳税人以及扣缴义务人的，对于第三方当事人为主体的情形，则不承担任何责任也不会导致任何后果，除了一些特殊主体如有关银行或者其他金融机构等。

我国《税收征收管理法》第72条规定："从事生产、经营的纳税人、扣缴义务人有本法规定的税收违法行为，拒不接受税务机关处理的，税务机关可以收缴其发票或者停止向其发售发票。"这一条款给所有违反协力义务并拒不接受税务机关处理的情况设置了一个额外的责任，即收缴发票或者停止向其发售发票。这一法律效果适用于税收征收管理法规定的所有税收违法行为，所以并没有在协力义务结构中表示出来。因其类似于替代处罚，也相当于减损当事人利益。

（二）完善我国纳税人协力义务的构想

上述的几点缺陷，可以通过优化协力义务的制度安排来解决法条之间的冲突，在维护行政公益的前提下来提高纳税人协力义务履行的宽松度。

---

　　[1]　例如，税务登记证公开悬挂义务无非基于方便税务机关检查的目的，而违反这一义务在减损税务机关效率的同时，也将导致纳税人花费更多的时间成本来配合税务机关的检查。

1. 完善既有协力义务规则

基于制度现实，可考虑从两个方面对协力义务规则进行完善：其一，责任承担。从前文提及的规范问题来看，针对不同的协力义务设置对应的违反后果能够直接为具体义务的履行提供法律约束。因此，可考虑在《税收征收管理法》的"法律责任"章节中增加关于申报义务、委托代征义务的滞后责任，进而促进纳税人及时有效地履行相关的协力义务。其二，第三人义务设置。第三人协力义务对税收征管的实现具有影响作用。为了进一步规范第三人对协力义务的履行，还可考虑从报送方式、报送地点、报送时间等具体方面将第三人协力义务的条文内容进行细化，从而在法律层面将第三人协力义务涵盖进范围调节，实现税收征管的"多方共治"。

2. 进一步加强纳税信用管理

国家可以基于现有的税收法规的规定，制定一些灵活的政策，使纳税信用等级高的纳税人享受到全国范围内的尊重和税收优惠。在进行纳税激励的同时，要根据失信的不同程度、性质，建立分级的惩罚约束机制，例如，可以考虑按照纳税人偷税逃税行为的不同动机定性，确定不同的处罚标准和范围，加大纳税失信的成本和代价。

3. 落实比例原则——平衡纳税人私益与国家公共利益

比例原则是审查行政程序的利器。其在协力义务的制度安排中的适用主要表现在三个方面：首先，法律规定的协力义务及其履行方式应该具有适合性，即这样的协力义务履行方式可以达到法定目的。例如接受税收检查义务，如果该检查与课税事实或者课税不相干，则无需接受。其次，该协力义务的履行或履行方式具有必要性。例如，在调查课税资料时，纳税人能够依照要求主动提供，那么税务机关就无须向金融机构调查资金往来记录。最后，协力义务的履行、履行方式以及遵从的法律后果设置应该合比例性。例如，纳税人仅尽职尽责履行了法律规定的协力义务，税务机关就设置了明显超过该协力义务履行价值的税收优惠或者过度提高了其信用评级，这就违反了合比例性的要求。

（三）小结：构筑中国梦的金砖——保障纳税人权利

随着我国社会治理模式和社会结构的进一步转型，我国当前经济社会发展中的问题并非仅经济层面的公共财政，更重要的是法律制度尚不完善、法治理念贯彻得不够深入〔1〕。财税法治在我国社会主义法治建设中发挥着至关重要的作用，而法治的状况直接影响着"中国梦"〔2〕实现的进程，因此完善财税法治就显得十分必要。国家和纳税人之间的关系作为财税法治中三大主干关系之一〔3〕，是财税法需要解决的主要问题之一，这就要求我们要充分把握纳税人权利保障的价值意涵，协调好国家与纳税人之间的权利义务关系。纳税人协力义务的完善就是其中一个重要的方面。

从国家发展进程与管理模式上看，我国长期存在"管理式"的行政理念，纳税人协力义务设计的初始目的在于完成税收征管过程，随着"控权式"行政理念逐渐深入人心，以及在税收关系本质的学术论争上税收债务关系说逐渐取代税收权力关系说，纳税人的地位在逐渐上升，其利益的保护也被放在了一个

---

〔1〕 参见刘剑文："财税法治的破局与立势——一种以关系平衡为核心的治国之路"，载《清华法学》2013 年第 5 期。

〔2〕 2012 年 11 月 29 日，中共中央总书记习近平在参观《复兴之路》展览时，第一次阐释了"中国梦"的概念。他指出："实现中华民族伟大复兴，就是中华民族近代以来最伟大的梦想。"

〔3〕 参见刘剑文："财税法治的破局与立势——一种以关系平衡为核心的治国之路"，载《清华法学》2013 年第 5 期。

相当重要的位置上来考虑，纳税人协力义务的设计就不再只是为了完成征收过程，而是为了在程序中处理好纳税机关与纳税人之间的关系，更可以说是为了有效保护纳税人在纳税程序中的权利。关于纳税人私人利益与国家公共利益应当如何权衡的问题，我们可以基于"公共财产法"理论进行处理，在公共财政行为的过程中施以一定的规制和约束。一方面确认和规制国家的课税权，另一方面通过法定程序赋予纳税人抵制非法课税的权利[1]，即完善纳税人协力义务。

完整的纳税人权利体系既有宪法性权利规定又有具体性权利规定，在具体的权利规定里，既有实体性权利也有程序性权利，程序性权利是纳税人权利体系的基石[2]。纳税人协力义务从字面理解是规定纳税人程序义务，本质上却是规范纳税人程序义务，进而从规制负担行为的层面来保障纳税人的程序权利。在结合我国国情的前提下，借鉴优良制度来完善纳税人协力义务将可能带来财税法治思维和理念的优化，为纳税人权利保护提供新的研究进路。

---

〔1〕 参见刘剑文："公共财产法视角下的财税法学新思维"，载《财税法论丛》2013年。

〔2〕 参见刘剑文：《重塑半壁财产法：财税法的新思维》，法律出版社2009年版，第81页。

第二章

本土变迁：公平分配的财税法进路

第一节　个人所得税的制度流变与未来方向

个税改革是达至我国分配法治的内涵要旨。2018 年修改的个税法在计征方式、扣除标准、征收规则等方面作出了重大调整，取得了我国构建分配法治格局的阶段性成果。本节关于修法背景的拨梳将个税改革置入我国税制变迁的历史，明确了公平性导向在个税改革过程中的理念形塑；对修法亮点的阐述剖析了个税改革的进阶之处，形式修改的本质是税收法定与量能课税的制度落实；对修法难点的提炼则列举了制度优化及后续变革中亟待解决的核心论题；对修法趋势的观察总结了我国个税变革中需要把握的三对关系。个税法修改的实践亦表明，分配法治中现代化与国际化的并轨是我国税制改革的当代进路。

2018 年 8 月 31 日，关于修改《个人所得税法》的决定在第十三届全国人大常委会第五次会议上通过[1]。从新法的内容上看，本次个税改革作出了诸多大胆尝试，是我国税收制度变革

---

〔1〕　我国《个人所得税法》于 1980 年出台，这标志着我国个税制度的基本确立。40 余年间，个税制度经历了多轮改革：1994 年，将个人所得税、个人收入调节税和城乡个体工商业户所得税合并为同一税种；1999 年，授权国务院决定对储蓄存款利息所得征收个人所得税的开征时间，并制定征收办法（储蓄存款在 1999 年 11 月 1 日后孳生的利息所得纳入个税征收范围）；2006 年，将工资薪金个人所得税的一般费用减除标准提升至 1600 元，增加了全员全额扣缴申报的规定；2007 年，授权国务院决定储蓄存款利息所得开征、减征和停征个人所得税（2007 年 8 月 15 日储蓄存款利息所得个人所得税税率由 20% 降至 5%，2008 年 10 月 9 日起暂免征收利息税）；2008 年，将工资薪金个人所得税的一般费用减除标准提升至 2000 元；2011 年，将工资薪金个人所得税的一般费用减除标准提升至 3500 元，减少个税累进税率的级数和级距；2014 年，企业年金和职业年金列入专项扣除范围。

的又一次重大突破，由针对综合化计征的规定到费用减除标准的优化，再到增加反避税条款以及税收征管中纳税人主体身份的明确，均体现了我国此轮个税改革对时代发展趋势的顺应以及对社会吁求的制度关照。而制度总是处在演化之中，因此也不断改变着对我们来说可能的选择。[1]立法上的变动往往能反映一定时期内社会变革的总体方向，相比于个税法案形式上的调整，此次修法背后传递的变革思路值得进一步挖掘与探讨。

一、修法背景：制度变革的三重动因

意欲明晰此次个税改革的特点，首先需对我国《个人所得税法》的变迁经历进行评介，有助于把握我国个税改革的演进逻辑。需要指出的是，这里论及的变迁经历并不局限于法律的文本内容，而是涉及《个人所得税法》在不同时期适用实施的社会现实、学术理论的研究状况和法律变化的制度条件，也正是这三个维度的变化和积累才使得本轮税改成为现实。

早在 1996 年的《中华人民共和国国民经济和社会发展"九五"计划和 2010 年远景目标纲要》中，我国就明确提出要"建立覆盖全部个人收入的分类与综合相结合的个人所得税制"。其后，"十五"计划、"十一五"规划、"十二五"规划都有类似的改革要求。近 20 年间，我国《个人所得税法》修改了五次，除了提升一般费用减除标准，这几次修改仅是"触及皮毛"，并未有效缓解收入分配不公、贫富差距较大的现实问题。直至党的十八届三中全会提出要"逐步建立综合与分类相结合的个人所得税制"，我国个税改革的"综合化"之路才真正进入实践。须明确，最近一次个税法的修改并非孤立的简单修法，而是继

---

〔1〕 ［美］道格拉斯·C. 诺思：《制度、制度变迁与经济绩效》，杭行译，格致出版社、上海三联书店、上海人民出版社 2014 年版，第 6 页。

"税收法定原则"写入《立法法》，全面推行"营改增"，开征环保税之后，我国财税体制改革的又一举措，同时也是"减税降费"进程的组成部分，从全局视角思考个税法的变革背景，有助于理解此次修法中的突出亮点与变革难点。

（一）社会现实：分配不均与公平吁求

我国《个人所得税法》自2011年修改后，至2018已有7年之久。这7年间，我国国内生产总值增长了69%，居民人均可支配收入增长了19%[1]，但个税税率（特别是工资薪金所得和劳务报酬的税率）、一般费用扣除标准、所得分类形式等内容均无变化。经济发展导致的费用扣除标准"低阶化"客观上让个税税基基本涵盖了所有收入群体。与此同时，相当一部分收入信息不透明的人群为了避开税收监管，通过各种手段改变所得的形式（利用分类税制的规则获取免征额）、隐匿或转移巨额收入（规避较高的边际税率），因此个税征收过程中的"税痛感"与收入信息透明度呈正相关，同时又与工资收入水平呈负相关[2]。

个税法的设计在公平性上的瑕疵还表现为实务中存在不同程度的"同收不同税""高收低税""低收高税"的现象。[3]稽

----

〔1〕 2011年我国国内生产总值为489 300.6亿元，2017年我国国内生产总值为827 121.7亿元，增长了69%。2011年我国居民人均可支配收入为21 810元，2017年我国居民人均可支配收入为25 973.8元，增长了19%。数据来源于国家统计局《中国统计年鉴》（2011、2017年）。

〔2〕 基于量能课税原则，多收入者多缴税，少收入者少缴税。但过低的一般费用减除标准和一刀切式的专项扣除标准会导致收入越低税痛感越明显。

〔3〕 例如，甲和乙两个纳税人，某月甲乙都是获得收入4300元，甲劳务报酬所得800元，工资所得3500元，而乙工资所得4300元，那么，甲本月无需交纳税款，而乙需交纳税款24元，此情况为"同收不同税"。又如，前例中甲在该月获得收入3000元且全部为劳务报酬所得，乙该月收入4000元且全部为工资所得，那么，甲本月需交纳税款440元，而乙只需交纳税款15元，此情况为"高收低税""低收高税"。参见胡翔："个税改革中分类税制综合化的几个基本问题"，载《现代法治研究》2017年第4期。

征结果在纵横两向上的失衡一方面不利于缩小贫富差距，另一方面又使中低收入劳动者背负了较大的税负压力。这在一定程度上偏离了党的十九大报告提出的"扩大中等收入群体，增加低收入者收入，调节过高收入"的政治指向。不仅如此，目前中低收入者是参与按劳分配的主要群体，而高收入群体一般通过参与资本要素分配来攫取收入。由于对资本的调节相较于劳动要复杂许多，分类税制过分依靠调节劳动来汲取税收收入，这又容易影响以按劳分配为主体，多种分配方式并存的分配秩序。

在个税公平问题由"隐性"不断转向"显性"的过程中，国家对个税改革中分配正义的关注日渐增强[1]，《个人所得税法》的修改似乎已成定局。但由于信息收集制度羸弱、征管能力不足、各方意见不一以及测算工作难度较大等因素，虽然"建立综合与分类相结合的个人所得税制"的呼声喊了很多年，但是实务部门主导的个税法修改迟迟未能向前推进。动因层面的制度供给不足与结果层面的收入分配不公共同形成了《个人所得税法》修改的第一重背景。

（二）理论铺垫：精细研究与法治调和

随着财税体制改革的逐步深化，特别是间接税制"营改增"释放了巨大的制度红利，与人民切身利益直接相关的个税体制改革成为"下一个要啃的硬骨头"，但显然个税改革并不是"喊口号"，将个税改革落到实处的关键在于把握方向、厘清要点、科学设计、稳步推行，而这在相当程度上依赖理论对改革的指引。我国个税理论的研究工作与个税立法几乎同时起步，至今

---

〔1〕 早在 2010 年，国家税务总局就下发了《关于进一步加强高收入者个人所得税征收管理的通知》（国税发〔2010〕54 号），2011 年又发布了《关于切实加强高收入者个人所得税征管的通知》（国税发〔2011〕50 号），要求加强高收入者的税收管理。《中共中央关于制定国民经济和社会发展第十二个五年规划的建议》也指出要"加强税收对收入分配的调节作用，有效调节过高收入"。

大体可分为三个历史阶段：

第一阶段（1980—1993 年），1980 年《个人所得税法》出台以后，解释和介绍性的研究兴起，此时学界对个税的关注集中于向社会阐释个税法"是什么"，包括介绍个税的基本要素[1]、个税的作用[2]以及域外税收制度[3]等。由于改革开放初期个税法从无到有主要是为了适应对外开放的基本国策，此时的理论研究主要是为了普及个税的认知。另外，由于当时税法的研究刚刚起步，并没有深入性的理论研究成果。

第二阶段（1994—2011 年），1993 年我国废止了旧的个税制度，新的《个人所得税法》统一了内外税制，严格层面上的本土个税法也从此时开始发挥作用。现行的《个人所得税法》在 1993 年版本的基础上已经修改了六次，而这些修改也恰好反映了社会各界对个税法的关注，个税规范在形式层面调整的同时也受益于快速发展的个税理论研究。具体而言，这一阶段我国个税理论的发展主要有三个方向：一是讨论个税作为调节分配和财政收入手段的功能发挥；二是讨论个税制度设计的本土化与合理化；三是讨论个税改革的法治化。

第三阶段（2012 年至今），2011 年个税法修改以后，分类税制综合化成了后续改革的主要方向，也是主要难题，个税改革正式步入深水区。由于宏观上的制度发展方向基本确立，从

---

[1]　刘隆亨、张玲："现代税收制度的特征"，载《国外法学》1983 年第 4 期。

[2]　刘丁："有利于中外合资经营企业发展的两个税法"，载《法学杂志》1981 年第 1 期；马小冈："在税制改革中不要忽视所得税的作用"，载《财贸经济》1984 年第 3 期；朱思泽："奖金不封顶与征收奖金税问题"，载《经济问题探索》1984 年第 8 期。

[3]　徐瑞娥："法国的税收制度"，载《西欧研究》1985 年第 3 期；陈凯颐："美国的税制"，载《科技导报》1985 年第 6 期；葛惟熹："中日双边税收协定与国际税收"，载《外国经济与管理》1985 年第 1 期。

这一阶段起，我国个税理论的研究受益于财税法基础理论的构造性形塑，开始走向精细化的个税要素研究。该阶段的研究成果主要反映出四个面向：其一，愈加重视个税制度的理论分析；其二，不断提升个税制度的社会与人文关照；其三，个税改革的宏观定位更加强化；其四，微观要素的研究逐步增多。

学术中的理论积淀与积极发声极大推动了个税法的修改进程。其间关于个税制度的基本原则、功能定位、价值取向等方面的宏观探讨有力推动了我国个税法的法治化治理。例如，对个税法分配功能与收入功能的深入探讨强化了个税法作为"财富分割利器"的制度认同。与此同时，个税要素、结构设计、测算标准等方面的微观探讨则直接促进了立法技术与立法质量的提升。例如，"课税禁区"理论的挖掘对专项费用扣除标准在教育、抚养等因素上的考量提供了视角。而"量能课税原则"的深入研究又将纳税人的能力定位得更为合理，纳税人年度汇总申报机制的确立即是其理论牵引的成果。理论研究促使个税法获得了修法质量上升的可能，这是《个人所得税法》修改的第二重背景。

（三）实务可能：经验总结与基础建设

放眼国家税制变迁的历史，改革开放以后我国经历了三轮"税改"。[1]30 年的税改之路为国家进一步推进个税体制改革积累了经验。而这 30 年中，国家税制建设取得的成果又在不断支撑着税收法治的现代化发展。自"九五"计划提出个税改革的综合化方向以来，制度设计的主要难题都是围绕着实践层面的

---

[1] 分别对应"84 税改（1984—1993 年）""94 税改（1994—2003 年）"和"04 税改（2004—2014 年）"，"84 税改"形成了当代中国税法体系的基本架构，"94 税改"建立了适应市场经济体制需要的税制结构，"04 税改"重视重塑税法体系的共同价值并推进税制的法治化与合理化。参见张守文："税制变迁与税收法治现代化"，载《中国社会科学》2015 年第 2 期。

"可能性"与"可行性"。个税征收中主要需要应对三个方面的问题：其一，纳税人真实的财产信息；其二，如何确定合理的费用扣除标准与累进税率；其三，个税征收目的如何定义。

伴随着"两个比重"下降问题的解决，市场主体税负过重成为经济增长的瓶颈。由此，2004 年以来我国便步入了"结构性减税"的制度调整。各类减税政策的出台在明确税改"减负"方向的同时，愈加重视社会、市场对减税政策的反馈。而减税释放出来的发展空间，客观上也在促成"放水养鱼"的治理预期。从间接税制的"营改增"到直接税制的房产税改革试点，一方面唤醒了社会对财税制度的法治意识，另一方面也提升了法治因素在顶层设计中的地位。在减税的不断实践中，深水区中的财税体制改革获得了放开手脚的政治动力，个税体制改革随之也敢于直面难题进行尝试。[1]

个税改革牵动的利益调整事关国民间的格局定位。若改革动作过大，可能会产生两种负面效果：一是过犹不及致使个税分配功能进一步弱化，激起民怨；二是矫枉过正导致财政收入减少，丢失财源。因此，渐进式改革一直是国家提倡的主旋律。具言之，个税渐进式改革的样态取决于下述三个问题的解决程度。换言之，之所以 20 多年来个税改革发展缓慢，是因为这三个问题没有得到行之有效的解决。

首先，信息问题。从 1994 年开始建设的"金税工程"到 2017 年我国发布《非居民金融账户涉税信息尽职调查管理办法》，采纳 CRS[2]，有关税务信息的收集一直是国家税收征管

---

〔1〕　特别是"营改增"以后，财政收入超出预期增长，为个税改革提供了减税的财力基础。

〔2〕　CRS：全称 Common Reporting Standard，即"共同申报准则"，又称"统一报告标准"，由经济合作与发展组织（OECD）提出。概念来自美国的外国账户税收遵从法（FATCA），旨在推动国与国之间税务信息自动交换。

工作的重心，曾任我国财政部部长的肖捷还特别提出要建立健全个人收入和财产信息系统[1]，有关信息建设的覆盖情况尚不得而知，但从个税法修改的实践来看，至少满足了进行改革的基本条件。

其次，费用扣除标准和税率的设计问题。从 2011 年修法[2]时官方公布的标准估算和确立的依据来看，现行一般费用减除标准调整的主要依据是城镇居民基本生活消费支出以及就业者的人均负担数，并在此基础上参考增长比例来确定。[3]这次修法的亮点在于将一般费用减除标准从以往的收入视角转向支出视角，体现了对"课税禁区"原则的维护，这种人权保障的趋势在本次修法中得到了延续。

最后，个税征收目的明确化的问题。从图 2-1 可以看出，2011 年以后我国个税收入占税收收入的比重逐年增长且在 2017 年达到了历史新高，这表明个税作为第三大税种的收入功能正在凸显。此外，个税制度作为分配制度的定位在政治决定和法律法规中日渐明晰，这意味着其调节收入分配的功能将加快理论到实践的转换。由此，财税体制改革中的经验总结与实务基础构成了《个人所得税法》修改的第三重背景。

---

〔1〕 肖捷："加快建立现代财政制度（认真学习宣传贯彻党的十九大精神）"，载《人民日报》2017 年 12 月 20 日，第 7 版。

〔2〕 2011 年 6 月 30 日，第十一届全国人大常委会第二十一次会议通过关于修改《个人所得税法》的决定，减除标准由最初拟定的 3000 元提高到 3500 元。

〔3〕 第一次审议所提出的是 3000 元的免征标准，是按照 2010 年城镇居民人均消费性支出及就业者人均负担系数，再参考前几年的增长比例确定的，第二次审议中进一步提高到 3500 元，更具有前瞻性。参见丁冰："个税免征额升至 3500 元　9 月 1 日起施行"，载《中国证券报》2011 年 7 月 1 日，第 A01 版。

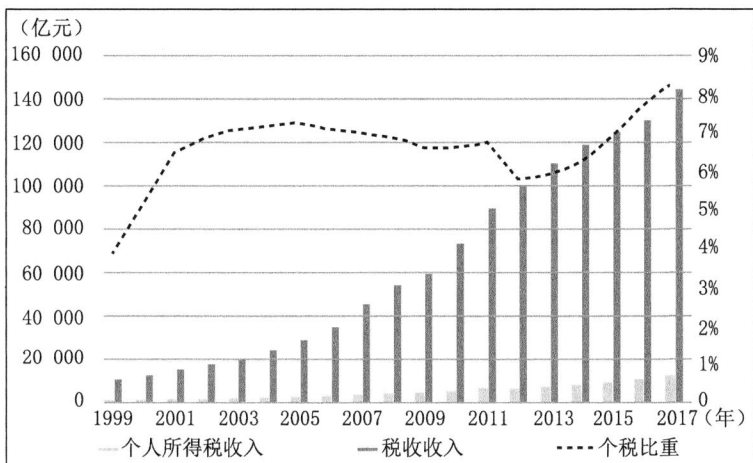

图 2-1　1999—2017 年全国个人所得税收入与税收收入情况[1]

二、修法亮点：公平性导向的五维架构

　　2018 年修法几乎涉及《个人所得税法》的全部条文，与人民群众普遍关心的"个税起征点"相比，更值得我们思考和展望的是本次修法在价值取向上的进步。法律科学不是某个受特定的实在法支配的社会，而是把人类社会本身当作自己的出发点[2]，法律发展的重心在于社会，不在于国家制定出来的法条。正是这种对社会的驱动作用才不断使立法者思考法律如何贴合社会的需求。基于我国的发展阶段、分配状况、社会结构等因素，我国财税法制度有必要从效率导向转到公平导向。[3]

[1]　数据来源于国家统计局《中国统计年鉴》（1999—2017 年）。

[2]　[奥] 欧根·埃利希：《法社会学原理》，舒国滢译，中国大百科全书出版社 2009 年版，第 528 页。

[3]　张守文等：《公平分配的财税法促进与保障》，北京大学出版社 2017 年版，第 167 页。

从实体内容出发，本次修法的亮点也恰好反映了公平性导向的建构。

（一）法治基础：税收法定的具体呈现

2018 年修法对税收法定原则进行了进一步落实。这也是新法将个税改革推向公平的法治基础。[1]具体而言，税收法定原则的基本内涵大体可以归结为三个方面：其一，税收要素法定，即要求纳税人、征税对象、计税依据、税收优惠等税收基本要素应当由法律（狭义）规定；其二，税收要素确定，即要求税法的规定必须尽量明确，避免出现漏洞和歧义；其三，征税程序合法，即征税机关必须严格依据法律规定的实体内容和程序要求征收税款。[2]这三个方面在新法中均有所体现。

新法在旧法的基础上进一步明晰了纳税主体、整合了征税对象、调整了计税依据、优化了税收优惠（下文会具体展开），这是对税收要素法定的强化，同时也是立法技术的提升。新法在条文方面进行了数量扩充，在旧法的基础上增加了多项税收要素的具体安排，如反避税安排[3]、纳税人识别号设计[4]、

---

[1]　税收法定为税收公平之制度基础。参见黄茂荣：《法学方法与现代税法》，北京大学出版社 2011 年版，第 129 页。

[2]　刘剑文："落实税收法定原则的现实路径"，载《政法论坛》2015 年第 3 期。

[3]　《个人所得税法》第 8 条规定，"有下列情形之一的，税务机关有权按照合理方法进行纳税调整：（一）个人与其关联方之间的业务往来不符合独立交易原则而减少本人或者其关联方应纳税额，且无正当理由；（二）居民个人控制的，或者居民个人和居民企业共同控制的设立在实际税负明显偏低的国家（地区）的企业，无合理经营需要，对应当归属于居民个人的利润不作分配或者减少分配；（三）个人实施其他不具有合理商业目的的安排而获取不当税收利益。税务机关依照前款规定作出纳税调整，需要补征税款的，应当补征税款，并依法加收利息。"

[4]　《个人所得税法》第 9 条第 2 款规定："纳税人有中国公民身份号码的，以中国公民身份号码为纳税人识别号；纳税人没有中国公民身份号码的，由税务机关赋予其纳税人识别号。扣缴义务人扣缴税款时，纳税人应当向扣缴义务人提供纳税人识别号。"

申报情形清单[1]等，这反映出我国个税法修改正在为纳税人提供较为确定的预期，属于税收要素确定的制度呈现，有利于个税法成为"管用的良法"。[2]虽然征税程序合法方面更像是实务操作层面的制度要求，但是从新法设置的反避税条款来看，其旨在为税务机关的执法行为提供预期引导，这至少在源头上保证了法律对行政权力的限制，客观上维护了纳税人的合法权益，也属于程序法定的范畴。

（二）内外一致：主体确定的统筹安排

对纳税主体的确定，新法借鉴国际惯例在第 1 条明确了"居民个人"和"非居民个人"的主体身份，并且在旧法的基础上进一步限缩了二者间的判定标准，由旧法的"是否满 1 年"调整为"是否满 183 天"。[3]居民需承担无限纳税义务，就来源于中国境内和境外的全部所得纳税，而非居民承担有限纳税义务，仅就来源于中国境内的所得纳税。主体的明确划分使我国的个人所得税制度更加科学并与国际接轨，居住时间标准的缩短则意味着有限纳税义务人的范围缩小，纳税义务的覆盖面较之前有较大幅度的扩展。

---

[1]《个人所得税法》第 10 条第 1 款规定，"有下列情形之一的，纳税人应当依法办理纳税申报：（一）取得综合所得需要办理汇算清缴；（二）取得应税所得没有扣缴义务人；（三）取得应税所得，扣缴义务人未扣缴税款；（四）取得境外所得；（五）因移居境外注销中国户籍；（六）非居民个人在中国境内从两处以上取得工资、薪金所得；（七）国务院规定的其他情形。"

[2] 刘剑文："落实税收法定原则的现实路径"，载《政法论坛》2015 年第 3 期。

[3] 从德国、英国、澳大利亚、巴西、阿根廷等国的税法规定来看，183 天（183 days in a tax year）和超过 6 个月（more than half of the tax year）的表述已是共识。由于住所标准很容易成为避税空间，如此一来，时间标准就显得尤为重要。例如，过去在中国无住所又居住不超过一年的人被定义为非居民，则其境外所得不需要在中国缴纳个人所得税。而此次修法将居住时间的判断标准缩短为 183 天以后，在中国居住超过 183 天的纳税人境外所得也需要在中国交纳。这不仅有利于我国个税征管的国际化接轨，同时也反映出个税制度不断向我国经济发展的实际情况靠拢。

应当指出，为了尽快凸显改革开放的制度成果，20 世纪 80 年代起，我国出台了大量政策吸引外商来华投资和国外高新技术人才来华就业。其中，我国个税法在股息分配方式、费用扣除标准、补贴扣除优惠等方面为外籍人员提供了"超国民待遇"。而"超国民待遇"违背了世界贸易组织（WTO）贸易服务规则[1]，不仅在一定程度上导致了我国的税收流失[2]，而且驱使大量人才外流。随着我国综合国力的提升，境外在资本、技术上虽然还存在一定优势，但显然我国已无需通过"超国民待遇"来获得发展机会。个税法的主体划分一定程度上正扭转对外籍人员的"超国民待遇"，不再保留专门的附加减除费用（1300 元/月）加速了这一进程。此次修法势必会带动个税法实施条例的修改，此前税法采用居民标准而实施条例采用国籍标准的制度错位将有希望得到改变。[3]后续的修法中，我国与其他国家之间的双边税收协定势必会采用同样的认定标准，这不仅能使国家更好地行使属人管辖权和属地管辖权，确保我国的税收主权，而且有利于促进国内外纳税主体得到税法的公平对待。

---

［1］ 从法理上讲，外国人在内国不享有超越内国人的权利。国民待遇实质上追求的是内外平等，内国人与外国人一视同仁。虽然对于列入减让表的部门，在遵守其中所列任何条件和资格的前提下，每一成员在影响服务提供的所有措施方面给予任何其他成员的服务和服务提供者的待遇不得低于其给予本国同类服务和服务提供者的待遇，但对"超国民待遇"的合法性质疑依旧应当明确。参见丁伟："'超国民待遇合理合法论'评析——外商投资领域国民待遇制度的理性思辨"，载《政法论坛》2004 年第 2 期。

［2］ 对外籍人员的"超国民待遇"还引发了富人移民现象，加剧了税收流失的情况。有学者测算了我国 2014 年因富豪移民导致的税收流失情况：富豪移民带来的个人所得税流失额约为 3652 亿元人民币，而 2014 年我国个人所得税收入仅为 7377 亿元人民币。参见樊丽明等："富豪移民、资产转移与中国退籍税制度设计"，载《财政研究》2016 年第 12 期。

［3］ 范玲："后 BEPS 时代下我国非居民个人所得税体系的完善建议"，载《国际税收》2017 年第 5 期。

（三）综合计征：制度模式的历史转变

所得分类标准由分类计征转变为了分类与综合相结合的模式。新法对目前九类应税所得中的部分劳动性所得实行综合征税（具体是将工资薪金、劳务报酬、稿酬、特许权使用费四项所得定为综合所得），使用统一的超额累进税率，改变了我国实行了几十年的分类所得税制，作出了过去 20 年税改中一直未进行的制度尝试。分类标准对劳动所得的整合实际体现了对劳动者的尊重，不仅能够有效消解劳动类型过多导致的税收负担，而且能在一定程度上缓释因操控所得性质引发的个税流失，长远来看，意义重大。

我国实行分类税制的初衷在于：一方面，它可以有效借助差别税率对不同性质的所得征收不同程度的税，有利于实现特定的调控目标。例如，可以利用分类课税对资本利得等非劳动所得课以较重的税，对工资、薪金等劳动所得课以较轻的税，在达至税收公平的同时维护按劳分配为主体的分配制度。[1]另一方面，它可以实现源泉扣缴，便于控制税源，不仅能够有针对性地处理逃税、漏税的问题，而且操作简便，可以有效降低税收征管成本。但由于我国税务信息披露和收集机制一直未得以有效建立，实务中资本所得容易隐匿、所得性质容易转换等问题频出，由效率主导的个税征管模式使源泉扣缴的对象集中在几无逃税空间的工资薪金成为必然。

进一步看，工资薪金所得和劳务报酬所得都是劳动者体力与智力劳动的回报，体现了劳动力的价值。截至 2017 年，针对劳务报酬所得采取的是比例税率征收，并对收入畸高者实行加成征收，而工资薪金所得采用的是累进税率征收。累进税率和

---

〔1〕　张天姣："个人所得税制模式的比较分析"，载《财贸研究》2017 年第 4 期。

比例税率二分，容易造成工资薪金所得与劳务报酬所得的税负不均，从而使两类劳动者在税后收入上存在较大差异。因此，分类税制预期的"具体问题具体分析"的税收征管模式难以实现实然层面的税收公平。[1]分类税制综合化（特别是劳动所得综合化）有利于矫正资本与劳动所得税负的失衡和劳动所得内部税负的失衡，从而使个税制度满足横向公平。

（四）费用扣除：量能课税的差别设计

费用扣除的设计进一步凸显了对量能课税原则的遵从。新法将综合所得的一般费用减除标准调整为每月5000元（每年6万元），将直接降低中等以下收入群体的实际税负。除此以外，新法增加了子女教育、继续教育、大病医疗、住房贷款利息或者住房租金、赡养老人等方面支出的专项附加扣除。这表明继税收法定原则受到立法关注后，量能课税原则也开始作用于我国的税制改革。

根据"课税禁区"规则[2]的要求，国家课税不得损及税本，且应当遵循量能课税的基本原则。个人所得当中仅有"多余"的部分才足以作为衡量税收负担能力的基础，而成本、费用以及损失等是个人为了生存和获得收入的必要开支，不具有税收负担能力，应当予以扣除。因此，对个体经济来源层面进行的无差别扣除（一般费用减除标准）和生存支出层面的个性

---

〔1〕 分类所得税制是对同一纳税人不同类型的所得按不同的税率分别征税，这种差别待遇方式没有充分考虑到纳税人全面、真实的纳税能力，容易导致所得来源多、综合收入高的纳税人出现少纳税甚至不纳税的情况，这难免导致税收不公。而且随着社会经济的不断发展，收入种类越来越多、越来越复杂，不可能将其全部予以正向列举。

〔2〕 课税禁区一词最早由美国学者阿瑟·拉弗在介绍拉弗曲线时提出。根据拉弗曲线的解释，在一定的范围内，提高税率可以增加国家的税收总额，但是一旦税率超出了它的临界点，则就进入了"课税禁区"，此时如果再提高税率，则税收总额不但不会增加反而开始下降。

化扣除（专项费用减除标准）必须组合起来，才能真正衡量纳税人在"质"和"量"上的税负能力。[1]放眼全球，为保障纳税人基本权利，充分考量不同纳税人之间纳税能力的差异，世界主要国家普遍采用的是综合性、层次化的费用扣除制度。[2]新法设置的费用扣除标准表明我国对个体纳税人纳税能力的认定方式吸纳了国际经验并与国际接轨，这将明显提升我国个税调节的差异化与负担的合理化，有利于达至税制的纵向公平。

（五）税负缓降：税率结构的针对调整

关于税率结构的针对性调整，暂且先不论边际税率的问题（后文再议），新法将个税征收方式调整为"全员全额扣缴申报、年度汇算清缴"，并扩大 3%、10%、20%三档低税率的级距，降低了适用 3%、10%、20%税率纳税人和部分适用 25%税率纳税人的税负（见表 2-1）。由此，中等收入水平以下的社会成员税负下降较为明显。此外，虽然 30%、35%、45%这三档较高税率的级距保持不变，但由于前边有四个级距的适用税率的税负

---

[1]　[日] 北野弘久：《税法学原论》（第四版），陈刚等译，中国检察出版社 2001 年版，第 96—112 页。

[2]　例如，日本个税的起征点根据家庭成员的人数多少而不同。如果是一对夫妇加一个孩子的工资收入者，起征点为 283 万日元；如果是没孩子的丁克家庭工资收入者，起征点为 220 万日元；如果是独身的工资收入者，那么起征点为 114.4 万日元。美国个人所得税实行综合所得税制，个税扣除项目包括进行毛所得调整做的扣除、调整后的毛所得扣除及个人免免。无论纳税人实际支出多少，扣除的都是一个定额，但不同身份申报人的扣除额是不同的，同时每年会根据通货膨胀指数和国家经济发展形势做出调整，中低收入者选择标准扣除较有利。英国个人所得税采取综合征收模式，个税扣除包括费用扣除和生计费扣除。费用扣除是指扣除与取得的收入有关的一些费用支出，这些费用必须是为了完成经营活动而支出的，如差旅费、广告费、教师购买书籍支出等。生计费扣除主要包括单身个人扣除、已婚夫妇扣除、妻子勤劳扣除、单身及大幼老年人扣除、额外人口扣除、寡妇丧居扣除、赡养亲属扣除、管家扣除、儿女服侍扣除及盲人扣除。具体扣除额依每年的通货膨胀率而不断调整。参见席晓娟："个人所得税税前扣除的实践反思与法律重构"，载《第三届中国财税法治 30 人论坛论文集》，第 113 页。

下降，最高边际税率达到后三个级距的纳税人工薪收入方面的税负也会有所下降。同时，对经营所得的 5 级超额累进税率不变，但最高档税率级距下限从 10 万元提高至 50 万元，明显降低了个体工商户和承包经营者的实际税负。

表 2-1　个税税率调整情况

调整前（按月） （减除标准：3500 元）		调整后（按年） （减除标准：60 000 元）	
金额	税率	金额	税率
不超过 1500 元的	3%	不超过 36 000 元的	3%
超过 1500 元至 4500 元的部分	10%	超过 36 000 元至 144 000 元的部分	10%
超过 4500 元至 9000 元的部分	20%	超过 144 000 元至 300 000 元的部分	20%
超过 9000 元至 35 000 元的部分	25%	超过 300 000 元至 420 000 元的部分	25%
超过 35 000 元至 55 000 元的部分	30%	超过 420 000 元至 660 000 元的部分	30%
超过 55 000 元至 80 000 元的部分	35%	超过 660 000 元至 960 000 元的部分	35%
超过 80 000 元的部分	45%	超过 960 000 元的部分	45%

前述的劳动所得综合计征加上低档税率结构的调整，意味着量能课税原则贯穿税率的设计。其实无论税制如何变化，税率永远是税制的核心要素，也是最敏感的、最令人关注的要素。合理调整税率是个税法发挥收入调节功能的最佳选择。[1] 扩大

---

[1]　丛中笑："我国个人所得税法工薪累进税率的优化——扩大级距、减并级次和降低税率"，载《当代法学》2010 年第 2 期。

低收入档次的级距，对较高收入档次采用较高税率，能确保我国个人所得税法既调节高收入阶层的收入，又降低中低收入阶层的税痛感，更好地发挥其调节作用，缓释纳税人逃税、避税的制度风险，从而降低征管成本。

总的来看，我国收入分配改革正在从过去的效率中心主义转向公平中心主义。此次修法的突出亮点是围绕公平分配进行展开。无论是宏观层面的立法导向切换，还是中观层面的权力配置与利益分享，抑或微观层面的要素设计，理论上可消减个税法积郁多年的累退性。[1]须知，个税法作为人民群众最关注的公共财产法，归根结底是对私人财产权和国家财政权的调和，也是利益在国家与国民之间、国民内部之间的再分配法则，对纳税能力考察标准的公平性设计来自个税改革不断摸索的经验总结，对我国整体税制结构的公平性变革亦有增益。

三、修法难点：进步与妥协的二元取舍

如前文所述，渐进式改革一直是我国法治建设提倡的主旋律，而一旦论及"渐进式"就意味着改革过程中会出现制度设计的审慎。渐进式改革的代表以我国增值税、房地产税等税种设立的"试点"为典型，但不同于这些税种背后的暂行条例，个税制度是我国落实税收法定原则的先驱，《个人所得税法》已不具备试点先行的空间，因此个税法修改的"渐进式"只能落脚于具体条文的设计。在修法进步与现实妥协之间，反映的是我国社会群体利益调整的复杂性与国家对落实分配正义的紧迫性之间的矛盾。具体来看，还有以下几个问题亟待后续变革中予以厘清。

---

〔1〕 收入愈少，生存性开支占其收入的比重愈大，税负就相对愈重，导致事实上的税负不公。

（一）立法明晰与授权规定：专项附加扣除标准的细化

关于"专项附加扣除"支出项目的具体化，新法设置的"专项附加扣除，包括子女教育、继续教育、大病医疗、住房贷款利息或者住房租金、赡养老人等支出"，可以预期的是后续实施条例的修改将明确每一项支出的具体内容，但需要指出的是，如果《个人所得税法》不就这些附加扣除项目的扣除标准作一些原则性规定，那么在法律授权的过程中就会将行政机关的自由裁量权带入此次法律修改。长期以来，我国税制改革带有的政策性一直在拖延落实税收法定原则的进程。2015年"税收法定"载入《立法法》以后，我国步入税收立法的快车道，这本身是好的征兆，但是如果将税法中的操作性部分全部授权给行政部门进行规定，税收法定的贯彻将大打折扣〔1〕，根本上也是对纳税人权利的侵害。就专项附加扣除的规定而言，例如，子女教育支出包括哪些支出？一些高收入群体的孩童就读国际学校的高昂学费是否能列入教育支出扣除的范围？要明确教育支出的"边界"，从原则上让纳税人明白哪些教育支出可以扣除，哪些不能扣除，这既能减轻纳税人的税负，也能有效发挥税收的调节作用。

伴随前述问题进一步思考，这同时也是对纳税人生存权定

---

〔1〕 税收法定原则的实质就是通过民主控制和程序规范来限制课税权的行使空间与方式，进而保护纳税人权利，维护人的尊严和主体性。我国税法大多是抽象宽松的原则性规定，缺乏必要的定义性条款，且常常运用"有必要""有理由"等不确定的法律概念，甚至是直接空白授权给国务院或财税主管部门规定，因此很难具体执行。同时，这也为税法行政解释提供了过大的空间。税法解释原本是为了正确适用税收法律所作的具体说明，但在实践中，这些"通告""批复"或"决定"却取代了被解释对象，成了实际上直接发挥效力的依据，甚至有时还突破了税法规定的可能文义，相当于变相立法。由此观之，即便新个税法表达了对居民生存权保障的原则要求，授权规定的存在依旧可能突破原则。参见刘剑文："落实税收法定原则的现实路径"，载《政法论坛》2015年第3期。

位的主体确定；究竟是由全体国民来决定纳税人生存权的本土定义，还是由行政机关为了征管便利或合理考察来决定纳税人生存权的本土定义？本次改革提出的子女教育、继续教育、大病医疗、住房贷款利息或者住房租金、赡养老人等与人民群众生活密切相关的专项附加扣除，将直接影响具体人员税收负担的差异性。虽然作为家庭成员的个人，基于其对家庭和社会应尽的责任，其所得应当成为其家庭成员，尤其是配偶、父母、子女等具有扶助义务的家庭成员的生存保障，国家不仅应当在立法上肯认并强制其履行该扶助义务，还应当在制度上保证该主体获得足以履行该义务的财产，但每个人对待生存权的定义因地域、财富等因素存在差异，行政机关似乎更能掌握这种灵活性。合理定性"生存权保障"是修法进阶中关于差异化标准的进步与对效率性授权的妥协之间的制度取舍。

（二）劫富济贫与全面公平：最高边际税率的调节

有关边际税率的调整问题，国内大部分学者均主张降低最高边际税率[1]，其原因主要包括：增加高收入群体的投资能力；提高高收入群体的纳税遵从度；提高本国税制的国际竞争力，防止人才流失。这种观点符合供给学派对税制促进生产要素供给与利用的认同。边际税率过高会抑制投资动力和劳动供给，因此降低边际税率能够弱化累进税率对经济的影响。从美

---

[1] 崔志坤："个人所得税税率的国际比较及中国的选择"，载《现代经济探讨》2010 年第 4 期；丛中笑："我国个人所得税法工薪累进税率的优化——扩大级距、减并级次和降低税率"，载《当代法学》2010 年第 2 期；施正文："分配正义与个人所得税法改革"，载《中国法学》2011 年第 5 期；陈业宏、黄媛媛："个税法劳动所得和非劳动所得税率的反思与重构——以按劳分配原则为视角"，载《法学评论》2013 年第 3 期；贾康、梁季："我国个人所得税改革问题研究——兼论'起征点'问题合理解决的思路"，载《财政研究》2010 年第 4 期；刘丽："我国个人所得税累进税率结构设计探讨"，载《税务研究》2011 年第 3 期。

国的实践中看[1]，降低边际税率的确能赋予社会新的活力，但我国的现实在于，过去的税法制度注重汲取财政收入却忽略了对横向分配差异的调节，我国不同主体的分配能力已然处于失衡状态。高收入群体的纳税遵从度不能单纯建立在降低税率的基础之上，而是应当加强信息监管，高收入群体的投资能力和我国的税制竞争力并非个税法的"一己之任"，更依赖于各类社会政策、市场政策的"组合拳"。

很多研究都将其他国家的边际税率与我国进行比较，并提出我国的最高边际税率过高，应当适度下降。但就笔者搜集的资料显示，德国、日本等国的最高边际税率均高于中国（见表2-2），且韩国于2017年也提高了个人所得税最高边际税率。[2]韩国上调最高边际税率的具体原因尚不得而知，但仅此一例就足以证明税率的调整与社会经济形势的变迁联系紧密。即便减税是人类税法文明发展的总趋势，但最高边际税率在贫富差距较为悬殊的社会中发挥的调节作用依旧不容忽视。当然，最高边际税率的确定并没有一个合适的标准，它与个人所得税在本国的地位以及本国的经济社会发展现状是紧密联系的。因此，如何确定最高边际税率是修法进阶中关于税率功能认知的进步和对贫富差距格局妥协的制度取舍。笔者认为，在我国开始施行分类与综合相结合的税制模式的情况下，可考虑将我国最高边际税率作出适当降低，与美国、加拿大的最高边际税率接近，低于日本、英国等国，一方面有利于我国继续保持对高级人才

---

[1] 20世纪70年代，供给学派在美国盛行。其所主张的降低最高边际税率提高了高收入群体的分配能力，同时恢复了不同收入群体分配能力的均衡状态，进而增加了投资动力和劳动供给，促进了经济发展。

[2] 韩国议会通过2017年预算，其中增加一档个人所得税最高边际税率，即对个人年应税所得超过5亿韩元（约42.85万美元）的部分，适用40%税率。参见国家税务总局2017年公布的数据。

和境外资本的吸引力，另一方面也能在社会观感上传递出更为直接的减税信号，降低居民的"税痛感"。

表2-2 主要国家最高边际税率一览[1]

国家	最高边际税率
美国	37%
英国	45%
德国	45%
日本	55.95%
澳大利亚	45%
新加坡	22%
韩国	45%
印度	42.74%
泰国	35%
中国	45%

（三）刚性设计与人文关怀：纳税单位的选择

虽然新法明确了以综合征收为主的改革方向并设置了多项附加费用扣除，但对纳税人继续实行个人申报制度，还是允许个人申报、夫妇联合申报和家庭联合申报等多种申报方式并存，新法并未予以厘清。理论界中有关我国个人所得税纳税单位的选择之争由来已久，但总体是围绕"家庭"这一核心概念展开的。支持者主要认为以家庭作为纳税单位可以充分考虑纳税人家庭整体的负担情况，有利于达至税收公平[2]；反对者主要认

---

[1] 参见"个人所得税——国家列表"，载 https://zh.tradingeconomics.com/country-list/personal-income-tax-rate，最后访问日期：2022年8月10日。

[2] 施正文："分配正义与个人所得税法改革"，载《中国法学》2011年第5期。

为家庭课税不符合"婚姻中性"原则[1]，不适应当前税收征管的实际能力，在目前不具有可行性。

下举一例进行分析：假设两个家庭，夫妻双方均有收入来源。家庭一中夫妻双方的收入均为4600元/月，按照新的纳税标准都不具有纳税义务，但此时该家庭的月收入总额为9200元；家庭二中丈夫有收入来源，收入为5500元/月，具有纳税义务，而妻子没有收入来源，不具有纳税义务，此时该家庭月收入总额为5500元。首先，从赋税公平的视角来看，以家庭为纳税单位能够全面衡量和反映家庭其他成员的人数、年龄、健康状况、就业情况、需要赡养和抚养的人数、总体收入等情况[2]，将个人的纳税能力纳入家庭进行综合评价，能够客观地体现纳税人的纳税能力，贯彻量能课税原则，从而更好地实现税收公平。[3]其次，从婚姻和谐的视角来看，以家庭为纳税单位会导致税收的"婚姻非中性"，产生"婚姻奖励"或"婚姻惩罚"。[4]而一旦税法干涉婚姻这一私人领域，很可能产生一些购房政策施行过程中出现的"假离婚"现象。因此，个人申报、夫妇联合申报和家庭联合申报等多种申报方式并存是我国个税综合化

〔1〕 郑春荣："个人所得税纳税单位选择：基于婚姻中性的视角"，载《社会科学家》2008年第2期。

〔2〕 俞杰："个人所得税课税单位的选择与评析"，载《税务研究》2015年第2期。

〔3〕 石坚、狄欣荣："个人所得税制家庭课税制度研究"，载《财政科学》2016年第10期。

〔4〕 "婚姻奖励"是指在家庭纳税模式下，如果婚前夫妻双方的收入差距悬殊，由于合并纳税会平摊双方的收入，从而降低边际税率，那么婚后两人的税负水平比婚前会有所下降；"婚姻惩罚"是指如果婚前夫妻双方收入差距相当，基于夫妻二人共同生活具有规模经济效应的理念，各国夫妻合并征税的税前扣除额往往低于个人扣除额的两倍，那么婚后两人的税负水平将比婚前有升高。施正文："论我国个人所得税法改革的功能定位与模式选择"，载《政法论丛》2012年第2期。

改革的大势所趋。"财税法与收入分配有着天然的内在机理，具有诸多具有公平分配的财税政策工具，虽然每一种工具都有其功能优势，因此也有其最佳适用范围，但不能仅仅基于这种范围而进行工具的选择及工具组合的设定，不能仅仅通过推导而得出结论，还应该对社会问题的具体情形以及所面临的制度环境进行深入研析。"[1]如何界定"家庭"的范围、设定家庭扣除标准以及如何处理可能出现的"隐形离婚"等，共同形成了修法进阶中税收公平刚性设计的进步与对社会观念人性关怀的妥协之间的制度取舍。

上述修法难点是个税法中最为困难的制度抉择。立法的形式内容虽然具有偶然性，但法治变革趋势能让立法的实质进步成为必然。除以上的修法难点外，新法中新加入的反避税条款也值得进一步思考，如何让反避税行之有效而不是变成一纸空文，这不仅是个税法修改的内容，还是税收征管法、财产税法共同作用的对象。

四、修法趋势：个税改革的当代进路

将某一国家的所得税制贴上综合或者分类的标签，并不能适当反映其税制中综合与所得元素的结合程度。但是，意识到其税制赖以构建的基本结构性原则，对于了解一国所得税制采用的基本路径却相当重要。[2]财税法制度本身承载了多种公共职能，同时也蕴含着多元的价值目标。过去40多年的立法实践中，我国个税制度强调效率价值主要是由于国家要求在经济建

---

[1] 叶金育："收入分配改革中的财税政策工具及其立法配置"，载《中央财经大学学报》2013年第9期。

[2] ［美］休·奥尔特等：《比较所得税法——结构性分析》（第三版），丁一、崔威译，北京大学出版社2013年版，第190页。

设中提升对市场和社会的管控能力。甚至可以说在财税法的法治价值凸显以前，税法如同社会调控的工具，虽然在促进经济增长中扮演着重要角色，但对社会贫富差距日益悬殊的现实力有不逮。[1]当前，解决收入分配差距较大的问题受到了中央高度关注，公平导向的制度构建是当代个税改革的总体趋势。

社会公平需要的是适用于打破阻止人们获得自我完善机会的障碍的制度安排和市场结构。[2]从个税法修改的实践出发，公平性导向的未来建构取决于对制度目的、规则设计与分配环境的多面考察，具体而言需要把握三对关系：制度目的上，需处理个税收入功能与分配功能的关系；规则设计上，需处理原则性与操作性之间的关系，即税制规范与征管规则之间的关系；分配环境上，则需明确我国税制构建的本土资源与域外经验。

（一）税负稳定与个税增收并重

从个税发展的历史来看，个人所得税的立法目的在各个阶段呈现出不同倾向：第一阶段为筹集财政收入主导，第二阶段为筹集收入、调节分配和稳定经济并重，第三阶段主要在于提高税制竞争能力。[3]严格意义上讲，不同的立法目的主导下的制度设计应有具体的针对性，同一时期不同税种的主导立法目的也有所不同。目前，增值税收入在我国税收中占比60%以上，依旧发挥最主要的收入功能，虽然个税收入的比重逐年上涨，但短时间内还难以超过增值税，未来一段时间内，从国家汲取财政收入的层面进行考量，发挥主体收入功能的税种还是应当

---

〔1〕 具体来看，间接税制在促进经济增长方面更为明显，直接税制却一直停滞不前。

〔2〕 ［美］斯蒂芬·贝利：《公共部门经济学：理论、政策和实践》（第二版），白景明译，中国税务出版社2005年版，第259页。

〔3〕 施正文："分配正义与个人所得税法改革"，载《中国法学》2011年第5期。

以增值税为主。

从税收规模和税收效果的关系来看，税收规模越大，其相应的经济社会职能也会越明显，相反则反之，税收的调控能力和税收的收入规模间呈正相关。因此，如果期待个税法有力发挥调节收入分配的功能，就必须提升个税收入的规模，党的十八届三中全会提出要提高直接税比重便是基于尽可能发挥直接税调节收入分配的制度目标。因此，个税设计不能全盘"放水"，否则不仅对于调节收入分配并无积极意义，甚至还会导致贫富悬殊进一步扩大。从新法对所得性质部分综合化和专项附加扣除扩容的处理来看，个人所得税收入在短期内可能会有所下降，居民税负也会有所下降，但总体趋向平稳，经历一段时期的税源涵养以后，会释放更多制度红利。

（二）实体规范与程序规则并重

实体规范与程序规则的并重以落实税收法定原则与量能课税原则为基础。由于《个人所得税法》存在大量的原则性规定，我国一贯的做法是辅以相应的实施条例，这就涉及法律对行政法规的授权问题，其中最核心的就是对条文的解释。中国的实践中，国务院特别是财政部、国家税务总局经常突破法律的可能文义而进行目的性扩张、目的性限缩甚至类推适用，从而进行税收立法。

实体规范内部结构错位直接导致税收法定原则受到损害，未来修法中如果保持这种免责式授权，个税法中所确立的综合计征模式和专项附加扣除很可能又异化成收入手段，从而在结果上进一步损害量能课税原则。应当指出，虽然行政立法的灵活性能保障制度"随机应变"，但纳税人生存权保护的命题难以提供容错率。因此，后续修法中保持实体规范内部的逻辑联系将是效率立法转向质量立法的关键。

此外，由于我国人口众多，综合化改革以后虽然部分所得合并纳税，但征收管理的工作依旧十分繁重，特别是费用扣除的认定尚且需要实行一系列能保证其正常运行的征管制度。囿于我国程序规则的粗放性，征管信息呈现出低时效性和低准确性的特征，与此同时，相关部门之间的信息共享机制尚在建立中，同一纳税人在不同地区、不同时间内取得的各项收入，在纳税人不主动申报的情况下，统计工作较为困难，另外，信息的真实性如何检验也需要费一番工夫。因此，实体规范与程序规则并重也是未来变革（特别是落实税收法定原则和量能课税原则）的重要趋势。

（三）本土考察与域外镜鉴并重

肇始于20世纪80年代的全球性税制改革激发了各国的减税实践。虽然不同税种呈现出不同的变化特点，但就个人所得税法而言，降低税率、拓宽税基、简化税制、税制指数化和强化税务管理是其基本特征。[1]进入21世纪以后，各国也愈加重视推行减税政策。但是，各国的发展历史不同，经济形势也不同，因此合理比较其他国家和地区的制度异同能明晰我国税制改革的现实。例如，美国20世纪80年代后期开始的税制改革旨在使税收扭曲最小化，取消或减少市场自由运作的税收障碍。[2]而彼时中国税制结构的基本框架还未建立起来。更值得注意的是，目前我国个税法的主要目标是解决收入分配不公、贫富差距过大的社会问题，实体经济层面主要依靠以增值税为主体的间接税制进行调整，而美国的财政收入一直以直接税为主。这充分

---

〔1〕 See Klara Sabirianova Peter, Steve Buttrick and Denvil Duncan, "Global Reform of Personal Income Taxation, 1981-2005: Evidence from 189 Countries", *National Tax Journal*, Vol. 63, 3 (2010), pp. 447-478.

〔2〕 [英]锡德里克·桑福德：《成功税制改革的经验与问题》（第1卷 成功的税制改革），张文春、匡小平译，中国人民大学出版社2001年版，第23页。

表明我国个税改革在汲取其他国家和地区实践经验时应考虑目标和方式上的差别。

塞里格曼认为："一国税制的存在、改革和发展，必须顾及当时当地的社会经济发展水平和政治、道德、文化等外部因素。"[1]但不可否认，历史总会有相似之处。例如，英国在20世纪80年代进行了大规模的减税，导致其出现了财政危机，随后英国确立了以效率为中心的税收制度，虽然缓解了财政收入困难，却加大了居民的贫富差距。[2]这就类似于我国现在的社会格局，英国在应对收入分配不公时采取的调整税率结构措施就值得我们参考借鉴。当然，本土化税制建设中还存在地域习惯、社会秩序等方面的因素，囿于论点，这里不予赘述。总之，并不存在一种最优的和普适性的个税制度模式，各国均需根据本国的宏观形势进行具体的政策抉择。我国距离分配正义的格局还有一段距离，唯有本土考察与域外镜鉴并重，才能让我们找到中国个税改革的真正立足点。

五、小结

任何法律制度和司法实践的根本目的都不应当是确立一种权威化的思想，而是解决实际问题、调整社会关系，使人们较为协调，达到一种制度上的正义。[3]我国个税制度在不同发展阶段呈现出的不同价值取向和形式安排，其原因来自政治、经济、社会等多个方面。因此，在修法之际论述修法背景有利于

---

[1] 杨斌：《治税的效率和公平——宏观税收管理理论与方法的研究》，经济科学出版社1999年版，第58—70页。

[2] See Christopher Giles and Paul Johnson, "Tax Reform in the UK and Changes in the Progressivity of the Tax System, 1985 – 95", *Fiscal Studies*, Vol. 15, 3 (1995), pp. 64–86.

[3] 苏力：《法治及其本土资源》，北京大学出版社2015年版，第30页。

宏观把握制约我国个税立法实践的多元因素，从真正意义上讲述"中国问题"。具体到个税法修改的实质内容，新法在综合化计征的规定、费用减除标准等方面的优化是继税收法定原则之后，量能课税原则在税制改革中的践行，这是十分值得肯定的。

也应看到，个税设计的平等在理想层面期望达至"劫富济贫"，然而事实却是，在某一方面与人平等的人便认为在总的方面也应该与人平等，在某一方面与人不平等的人就觉得自己在所有方面都与人不平等。[1]身处分配差距依旧悬殊的社会现实中，并不是只有低收入群体才关注制度的平等，高收入群体也不希望成为制度的歧视对象。公平性导向的制度建构还需要真正解决纳税单位、边际税率的合理设计问题。把握包括收入功能与分配功能之间、税制规范与征管规则之间、本土资源与域外经验之间三组关系，将形成适于本土的法治化分配机制，这也是未来个税改革的基本命题。

当然，对新个税法进一步反思，也可看出法治化分配制度的构建不是一项"闭门造车"的任务，而是现代化与国际化并举的国家事业。分配法治的现代化要求未来的税收立法要解决好税收法定原则的落实问题，要让法治思维贯穿税收要素法定、要素确定、征管实践的始终，同时还要积极推进税收制度的公平性构建，让每一位纳税人都能得到税收制度的公正待遇，从而确保我国税收制度变为"良法"并走向"善治"。从全球化的视野观察，税法的法治价值已是各国共识，合理的规范设计本质上是法治理念和减税理念在制度层面的契合，同时也是纳税人看得见的"分配法治"。分配法治的国际化则要求我国税制改革要重视自身的国家定位，不断发现其他国家和地区的有益

---

〔1〕〔古希腊〕亚里士多德：《政治学》，颜一、秦典华译，中国人民大学出版社2003年版，第160页。

经验，能正视本土发展的制约因素，避免走入制度与社会脱轨的困境。

回归本书，萨伊认为，最好的租税，或更确切地说，是危害最少的租税。它们表现在：其一，最适度的税率；其二，在填充国库时最低限度地烦扰纳税人；其三，社会各阶层公民的负担平等；其四，给再生产造成的伤害最低；其五，有利于国民道德，也就是有利于普及对社会有用和有益的习惯。[1]新法的形式进步已然将个税变革从"稳中不变"转换为"稳中求变"，亮点是值得肯定的，但是难点仍需审思。应当注意，立法快车道上房地产税法、遗产税法等直接税法的相应设计同样是收入分配改革中绕不开的难题，个税法的修改能给后续财税立法以多大程度的启迪，这是我国尽快达至分配法治的现代化与国际化的智识与关键。

第二节　房地产税立法的模式选择

房地产税立法存在着财政性立法、调控性立法、分配性立法等立法模式上的分疏。由于房地产税立法牵动土地制度、房产价格甚至社会稳定等多向度问题，而我国历来主张法治对社会发展的能动作用，在功能主义的建构范式之下明确房地产税法的目的，界定房地产税法的立法要素，分析和整合不同立法模式的功能定位，对构建目标明晰、定位准确、功能有效的房地产税制将有助益。房地产税立法宜将收入、调控、分配的三重功能分化进整体税制体系进行观察，认清本土立法的首要目标是房地产税立法模式选择的基本前提。从我国现实情况看，

[1] ［法］让·巴蒂斯特·萨伊：《政治经济学概论》，赵康英等译，华夏出版社 2014 年版，第 444 页。

侧重分配功能的立法模式更适应社会发展和治理需求。

房地产税立法是当前国家税收法治建设中亟待解决的重要命题。[1]有关房地产税的论争不绝于耳，但这并未改变该税种立法"体制内保密，社会上空议"的现实局面。虽然房地产税法的多元功能在学界中已是共识，但房地产税法的预期功能和实际选择之间依旧存在差异。从立法的实际状况看，自上次财政部负责人就房地产税立法发声已逾多时，房地产税法草案依旧未予公布，更表明立法任务的困难程度。

从本质上看，每一部单行税法都是财税制度的组成部分，而不同种类的税法在制定时的功能预期也会存在差异。例如，在流转环节征收的增值税由于容易转嫁，是典型的收入型税种，我国间接税收入占税收收入比重很高，也体现出我国增值税法强调发挥其组织财政收入的功能。又如，个人所得税法是典型的分配法，可以调节居民间的收入差距，因此个人所得税法的功能定位也应当是发挥调节收入分配的作用。在庞大的税法制度中，正因为不同税种扮演着不同角色，才能确保税法在整体

---

〔1〕 2013 年，中共十八届三中全会公布的《中共中央关于全面深化改革若干重大问题的决定》指出要"加快房地产税立法并适时推进改革"；《2014 年国务院政府工作报告》部署 2014 年重点工作时指出要"推进税收制度改革……做好房地产税、环境保护税立法相关工作"；2015 年，房地产税法列入全国人大常委会立法工作计划立法预备项目；2016 年，房地产税法再次被列入全国人大常委会立法工作预备项目；2017 年，房地产税法继续被列入全国人大常委会立法计划预备及研究论证项目；2017 年 12 月，时任财政部部长肖捷提出要按照"'立法先行、充分授权、分步推进'的原则，推进房地产税立法和实施"；2018 年，十三届全国人大一次会议新闻发布会发言人张业遂表示，加快房地产税立法是党中央提出的重要任务，由全国人大常委会预算工作委员会和财政部牵头组织起草，目前正在加快进行起草完善法律草案、重要问题的论证、内部征求意见等方面的工作，争取早日完成提请常委会初次审议的准备工作；2021 年 10 月 23 日，第十三届全国人大常委会第三十一次会议决定：授权国务院在部分地区开展房地产税改革试点工作。从官方对房地产税法的表达情况看，我国房地产税立法工作进展缓慢。

上得到多元功能的调和。虽然理论上每一部税法都能达至税法的一般功能，但如果它的立法宗旨是期待"面面俱到"的，则极易出现"面面不到"或"面面难到"的现实难题。这便是当下房地产税立法面临的症结。

一、功能主义与房地产税立法

功能主义主张将整体结构的设置定位在功能取向之上，单位结构的差异化引发了系统功能的差异化。结构的本质是规范、规则和秩序，而价值取向是系统建构和重构的推动力量，因此对功能的预期以结构的配置为前提。[1] 遵循此种研究思路并结合现实，目前我国房地产税立法中具备典型的功能主义倾向。正因如此，廓清不同立法模式的结构组成和功能定位，对身处功能主义倾向中的法律制定将有增益。帕森斯认为一项"行动"在逻辑上包含一个"当事人"，即当谈到功能的发挥，首先要明确发挥功能的"单位"，确定这个"单位"的位置才能将结构的分析具体化。[2]

（一）功能主义：结构、系统、功能

长期以来，财税法学者为了凸显财税法的价值，在对待财税法功能的表述上总会有意无意"泛化"，由此出现了微观论述的逻辑：大前提是财税法具备多元功能，小前提是各个税种法是财税法，结论则是各个税种法都具备多元功能。当税种法的论述中充斥着一种功能多元的色彩，那么该法究竟应当主要发挥哪种功能、应如何发挥便见仁见智了。但显然，整体的财税

---

〔1〕　参见［美］戴维·波普诺：《社会学》（第十一版），李强等译，中国人民大学出版社 2007 年版，第 47 页。

〔2〕　参见［美］塔尔科特·帕森斯：《社会行动的结构》，张明德、夏遇南、彭刚译，译林出版社 2012 年版，第 59 页。

法制度和个体的财税法律在规模和效能的反映上是存在差异的，言及房地产税的功能定位，其功能发挥的视野、范畴等问题并非不言自明，而制度的制定又往往依赖视野和范畴的确定，因此功能主义视阈中剖析房地产税制度变革，需理清亟待调整的制度结构是什么，以及它在系统中又需要发挥什么作用。

从房地产税的课税对象来看，我国境内的土地及土地之上的建筑物和附属物构成了房地产的集合。在这个集合的背后是我国庞大的房地产市场，房产价格中一般包含税金成本，因此，直观上房地产税的变动将影响房地产市场的走向。同时，因为房地产税法本身是一类税收法律，它在税收制度中的调整会影响其他税种的规范安排，所以房地产税的变动也将影响整体的税制结构。前述的两种联系可以抽象概括为房地产税法的经济影响和法律影响，由此房地产税改革的本质就是在谋求其经济影响和法律影响之间的平衡点，基于不同的制度目标，这个平衡点的定位会发生相应的变化。

（二）法律视角：税收制度与房地产税制度

如果房地产税法的制定是基于完善现代税制结构，通过扩大直接税的税源来推进收入分配改革，提升财税制度的公平性，那么这里讨论的系统应当是指法律系统。任何值得被称为法律系统的制度，必须关注某些超越特定社会结构和经济结构相对性的基本价值。[1]在法律系统中，对房地产税法进行的结构调整需要以法律思维为导向，如何保障法律基本价值的实现则显得尤为重要。这也就展开了税收制度和房地产税制度之间关系的讨论。在住房问题与公民生存权密切挂钩的现下，房地产税法作为税收制度的组成部分，应当格外重视传递税法的公平与

---

〔1〕 参见［美］E. 博登海默：《法理学：法律哲学与法律方法》，邓正来译，中国政法大学出版社 2004 年版，第 55 页。

正义，整体税法制度则必须着眼于宏观的税法治理，既要强调房地产税法的功能凸显，还要将其视为制度的有机组成。任何单一的、孤立的立法意愿都难以让房地产税法成为"良法"。

除却涵属关系，房地产税立法更是税制改革的突破口。从营改增、税收法定原则载入《立法法》、个税法修改等税治变革的情况看，个税法修改对公民收入的轻税化似乎抓住了老百姓关注的重点。由此推知，与政府关注的财政收入相比，房地产税立法更牵动着大众的神经，征收环节、相关税率、税收优惠等要素设计在观感上直接影响了大众对我国税法的公义定位。因此，如果将房地产税立法放置在财税体制改革的进程中思考，如何延续前期改革形成的轻税趋势是立法的必要思路。另外，不同于近期城市维护建设税和印花税以及之前环保税的平移式立法，房地产税立法属于再造或重构式立法，除了沪渝两地的试点效果，基本没有本土的普遍适用经验，因此，房地产税立法是本次快速立法过程中真正的难点，它的质量与快速立法整体工作的质量将呈现正相关。

基于以上论述，可以发现，法律系统中的房地产税立法存在时间和空间两个维度上的结构关系。从时间上看，房地产税立法是本轮财税体制改革的一个环节，并非孤立的法律制定，前面改革工作的内容表明：增强税法调节的区分度，降低宏观税负是总体方向，同时通过税制改革提升人民群众对国家治理的信心也是改革工作的一个目标，这是房地产税立法需要考量的问题。从空间上看，我国税法制度的实体结构不能期待每一部税法都"百事通"，不同税种所发挥的功能应当有所区别，期望房地产税法一并充当地方税收收入的"救世主"、调节分配的"神器"或者控制房价的"开关"都是不现实的，较好的解决办法是以某一功能为主导，尽可能兼顾其他面向。

（三）经济视角：财政收入、房地产市场与房地产税

除却上文提到的法律视角，另一个视角是经济视角。理论上讲，房地产税开征必然会增加购房人的交易成本和持有成本，影响房产价格从而造成房产市场的波动。房地产税作为财产税的一种，具备对人和物的双重属性，一方面，它通过增加交易成本直接影响房产交易市场；另一方面，它在改变人的消费和投资行为的同时，间接影响着财富的分配格局。这里需要集中思考的问题是：如何恪守税收中性原则，尽可能消减房地产税法造成的超额负担。此外，对住房需求弹性的定义也应被立法者重视，基于我国特定的社会观念，购买住房比租赁住房更受人欢迎，但是如果房地产税税率提升了购买住房的门槛，房产交易市场的投机问题又会向房产租赁市场转移，形成新的市场乱象和经济风险。即使房地产税法对经济具有一定的引导作用，基于对市场规律的尊重，还是应当保障法律本身的法律价值而非经济手段。

房地产税立法对经济的另一个影响是政府的财政收入，房地产税税基、税率、税收优惠等内容的设计决定了房地产税的收入规模，而该税收收入的归属又涉及府际财政事权和支出责任的划分。目前，官方和学界主流观点倾向于房地产税应当成为地方税的主体税种，借以缓释地方土地财政造成的经济风险。对地方政府的积极性而言，房地产税收入的扩源固然是好事，但区际的经济发展水平（主要是房价）和人口数量差异又容易使地方出现利益分配失衡，阻碍公共服务均等化的进程。不过，如果房地产税收入能真正投入经济弱势者住房问题的解决中，其调节收入分配的效果自然明显[1]，但是构建地方主体税种的

---

[1] 黄茂荣："不动产税及其对不动产产业的经济引导"，载《中国法学》2008年第4期。

目标显然不只是提升居民购买住房的能力。此外，房地产税立法以后，契税、土地增值税等房产交易环节的税种宜被整合，与此相关的费用也会相应完成税化，以环节为中心的课税方式将转变为以房产类别区分为中心的课税方式。在住房管理机制日渐完善的情况下，房地产税的确能扩充财政收入，至于操作性如何则取决于对地方政府的赋权程度。

基于上文论述，可以发现，经济系统中的房地产税立法存在市场与政府两向的结构关系。从市场的角度看，立法是否期待干涉市场价格成为房地产税法与房地产税收政策尺度把控的决定因素。在如今倡言财税法治的社会背景下，片面强调房地产税法的宏观调控能力并不能满足法治内涵。虽如此，但从改革开放以来的立法实践中能够发现，我国经济立法更倾向于发挥法律的工具价值，甚至有成为经济手段的倾向。现在对房价的波动程度下定义还为时尚早，但发挥引导市场发展的经济功能一定是房地产税立法难以绕开的路径依赖。从政府的角度看，房地产税法的经济功能则更加明显，除发挥税收收入功能以外，形成合理有效的地方税体系是本轮财税体制改革的重心，这就要求增强央地税种之间的协调性。就房地产税法而言，如何处理房地产税与所得税之间的关系、如何尽快形成实质意义上的财产税体系等都是收入功能得以发挥的前置问题。

前文梳理了房地产税立法所立足的二元系统——法律、经济。不同系统中，立法考量的结构性标准互异。但无论基于哪种考量，其结果都会同时对两个系统产生影响，而影响程度则决定了两个系统的差异。换言之，房地产税法的功能定位不同，形成的法律结果和经济结果也不同。总的来看，房地产税法的功能包括组织收入、调控市场和调节分配，相应的立法模式也就包括财政性立法模式、调控性立法模式和分配性立法模式。

二、财政性立法模式：以缓释地方财政风险为中心

财政性立法模式的首要目的是组织财政收入。发达国家的税治情况表明：房地产税是地方政府财政收入的主要来源。[1]这本是域外增加地方财政收入的经验，与我国间接税占主导的税制特点并不贴合。但从土地财政难以为继的现状出发，获得房地产税收归属也是缓解财政问题的一种思路，房地产税和地方财政之间彼此依赖的关系更是为财政性立法提供了正当性基础。[2]财政性立法并不意味着房地产税需要放弃调控和分配功能，而是在众多立法效果的考察指标中，更重视通过财政问题的解决，带动其他功能的实践。财政性立法模式的主要考量指标是财政收入情况。

（一）模式特点：央地财政秩序的重构

肇始于1994年的分税制改革至今未能解决地方的财政问题。在"法内要钱"不足以应对地方建设需求的情况下，"法外筹钱"成为绝大多数地方政府的财政思路。[3]地方土地财政的兴起是财权不断向中央集中和地方官员考核标准短期化的必然。[4]全面推行"营改增"以后，地方税主体税种被废止，中央的财权进一步壮大，分税制改革所建立的财政秩序陷入困境，地方急需形成新

---

〔1〕 英、美、日等发达国家的房地产税普遍占地方财政收入的20%以上。See Richard M. Bird and Enid Slack, "Land and Property Taxation in 25 Countries: A Comparative Review", *CESifo DICE Report*, Vol.3, 3 (2004).

〔2〕 Charles M. Tiebout, "A Pure Theory of Local Expenditures", *Journal of Political Economy*, Vol.64, 5 (1956), pp.416-424.

〔3〕 分税制形成了预算内和预算外两个财政资金体系的互动。预算内财政体系集权化倾向进一步推动了预算外财政体系的扩张。参见高琳：《分税制、地方财政自主权和经济发展绩效研究》，上海人民出版社2016年版，第59页。

〔4〕 分税制改革将土地出让收入全部作为地方政府的自有收入，助长了地方政府卖地的财政行为，土地财政对地方经济增长也的确具有积极的促进作用。参见张敬岳、张光宏："土地财政对地方经济增长影响的实证分析"，载《统计与决策》2018年第22期。

的主体税种。当下的土地财政属于预支性收入模式〔1〕，不仅助推了地方房价，而且不利于地方经济与社会的长远发展。保证土地财政的可持续化须以整合土地出让金并进行有效的税费改革为基础，形塑新的房地产税是构建主体税种并优化土地财政的最佳方式。

（二）结构要素：侧重收入总量与规则延续

以组织收入为目的的立法重视宏观上的可税性。由于房地产税是受益税，与住房密切相关的是政府提供的公共服务，凡是享受政府公共服务的房地产都应当被纳入征税范围之中，这就要求立法尽可能做到宽税基，对住宅类型、住房流转环节等不予过多考量。此外，为了保障房地产税的征收效率，应当重视房地产交易环节的税费整合，特别是要明确房地产税和个人所得税间的相互关系〔2〕，一方面减轻纳税人纳税成本，提升纳税遵从度，另一方面扩大税源，增强房地产税的控制范围。在税基扩围的同时，房地产税立法还应加强规则的刚性，换言之，应重视房地产税的法定性，以此形成可得预期和稳定的财政收入。因为构建地方主体税种本意是为了解决地方财政问题，保障地方公共服务供给，所以需要贯彻民主精神，落实税收法定原则，避免出现税法制定的随意性。

（三）局限性反思：如何贯彻量能课税原则？

财政性立法模式能够在短时间内扩充地方的财政收入，它的局限性在于弱化了量能负担在税法中的价值彰显。宽税基的税制设计意味着各类房产相关人在不同环节均存在被税可能，在法定的框架下，地方税务部门会重视税收的刚性，甚或是地方财政预算收入的刚性，这就容易出现类似于 20 世纪 80 年代末

〔1〕　即地方政府一次性收取数十年的土地收益，寅吃卯粮，涸泽而渔。

〔2〕　白彦锋："房产税未来能成为我国地方财政收入的可靠来源吗"，载《经济理论与经济管理》2012 年第 5 期。

和 90 年代中期美国税务机关的信任危机。[1]房地产税立法并不是简单地对房产估值并机械地进行计税处理，而是涉及居民生存权保障的法律伦理问题。量能课税原则建立在对个体纳税人"能"的具体分析之上，矛盾的是，如果详细规定各类扣除标准和税收优惠，又会加重房地产税的征收成本，在宏观税负已然较重的情况下，纳税人又容易通过各种方式逃税、避税，造成税收流失，这又违背了增加财政收入的初衷。

三、调控性立法模式：以挤压房产泡沫为中心

调控性立法模式的首要目的是挤压房产泡沫。前文已述，为了保证经济运行的平稳，避免房地产税对经济发展造成超额负担，其立法工作应尽量保持税收中性。但从房地产税立法先期试点的情况看，上海市将课税对象集中在"增量房"，重庆市则将课税对象集中在"豪宅房"，两地房地产税的征收环节也仅局限于交易环节。这表明我国（区际）房地产税立法最初的目的就是打压快速上涨的房价，虽然在控制效果上不是让人很满意[2]，但并不能忽视房地产税法对房地产市场的积极作用。[3]调控性立法模式的主要考量指标是房价上涨的速度。[4]

---

〔1〕 即税务机关为提升纳税遵从度所进行的威慑性监察、惩罚和处置。参见[美] 史蒂文·M. 谢福林：《税收公平与民间正义》，杨海燕译，上海财经大学出版社 2016 年版，第 78 页。

〔2〕 管斌、万超："论我国房产税改革的现实条件和立法路径"，载《海南金融》2017 年第 10 期。

〔3〕 胡怡建、朱大玮："从国家治理视角看我国房地产税改革"，载《税务研究》2015 年第 12 期。

〔4〕 关于不动产产业之调控，首在防患于未然，防止金融机构对于不动产产业者之泡沫不动产对象超贷，对其泡沫化推波助澜，导致不动产价格飘涨，形成不动产产业与金融产业之共伴式的泡沫化结果。参见黄茂荣："不动产价格之狂飙及其管制（下）"，载《交大法学》2012 年第 2 期。

（一）模式特点：调控政策的法律化

有学者观察了 1980—2009 年 23 个 OECD 国家的住房市场数据，得出结论：尽管超高的房地产税税率能有效降低房价，但地方政府不大可能通过大幅提高房地产税税率来实现。因此，实然状态下房地产税税率对房价的抑制作用具有局限性。[1]这也表明房地产税立法并非房地产税税率设计的高低问题。从本质上看，房价上涨的根本原因在于经济增长、城市化、基础设施建设提高等，强调以立法方式对抗经济规律不符合法治精神，房地产税立法更应凸显对房产市场的规范作用，以形成稳定的房产市场环境。[2]在调控目的的牵引下，房地产税的工具价值和适时而变的金融政策一样，是政策性的。如果为了应对瞬息万变的市场难题，房地产税立法必须厘清前期各项房地产税收政策中的稳定部分和有益价值（尽管从适用成果上看，微乎其微），最大程度保证立法的灵活性。而这种灵活性主要体现在与金融、货币等政策之间的协调。这也意味着房地产税立法旨在建立一种政府与市场之手协同联动的机制，促进房地产资源的合理配置。[3]

（二）结构要素：重视市场二分

调控性立法模式围绕市场而展开，从房地产流转的过程来看，房地产市场包括初级市场和次级市场两个组成部分。[4]为了保证税收对市场参与行为的规范，各级市场中的参与要素须被制度设计考虑。初级市场中的参与要素包括房地产开发商、

---

[1] 况伟大、朱勇、刘江涛："房产税对房价的影响：来自 OECD 国家的证据"，载《财贸经济》2012 年第 5 期。

[2] 郭宏宝："房产税改革目标三种主流观点的评述——以沪渝试点为例"，载《经济理论与经济管理》2011 年第 8 期。

[3] 周永坤：《法理学——全球视野》，法律出版社 2010 年版，第 80 页。

[4] 初级市场即房地产开发、销售市场，次级市场即二手房交易流通市场。

土地、购房者，二级市场中的参与要素包括房产增值、转售人、购房者。房地产税立法中应关注各环节的变化，例如，初级市场中，房地产开发过热时加重对开发者房产获利的课税，在土地不合理闲置时，征收闲置税；次级市场中，针对房屋囤积者征收房产保有税，对频繁运作房产交易的中介平台征收限制性税收等。调控性立法并不关注税收的分配作用，主要是将房地产税视为控制市场参与要素的工具，通过类似于消费税立法时"寓禁于征"的税法思维来达到对房地产市场失灵的矫正。

（三）局限性反思：如何贯彻税收法定原则

调控性立法对应的现实始终是在不完善的市场和不完善的政府之中以及在二者的各种结合之中进行选择。灵活性立法的情况下，房地产税法以框架性立法为主，在保证基本法律法定地位的同时，重视构建房地产税法律体系，即将一部分税收立法和税法裁量权能分配给行政部门或地方人大，以便相关机构能够相机决策，实现房地产市场的动态平衡。由此，一个显见的问题是：贯彻税收法定原则的程度应当如何？1986 年至今，有关房产税的法律规范中仅部门规章就近 100 份[1]，仅依靠房地产税法很难将国家立法带出宏观调控的路径依赖。税收法定原则要求严格限制授权立法，而调控性立法模式又需要保证纵向和横向的授权立法，从这个层面上看，房地产税立法在调控市场和保证民主价值的彰显之间存在抉择问题。

四、分配性立法模式：以调节住房需求为中心

分配性立法模式的首要目的是调节房产分配。党的十九大报告指出，"城乡区域发展和收入分配差距依然较大"。这反映

---

〔1〕 以"房产税"为关键词在"北大法宝"数据库中进行检索，可得相关数据。

出解决分配问题仍是未来国家发展的重心。在这一背景下，房地产税法所背负的调节任务会被加重。特别是房地产投资作为财富保值、增值的手段已经成为普通老百姓最主要的投资选择，更加深了房地产税立法与国民收入分配之间的联系。[1]由于解决收入分配问题需要从初次分配和再分配两个方面发力[2]，房地产税立法也相应需要从这两个方面出发。从我国现实情况看，分配性立法模式的主要考量指标是低收入群体特别是住房刚需群体的获房成本。

（一）模式特点："收富济贫"的税法可能

相关数据显示，我国富裕人士的总资产中，房产价值占比突出，高达60%—80%。[3]理论上讲，房地产税通过弥合个人所得税避税问题造成的税收创口，来调节社会财产的分布状态，从而缩小贫富差距。由此观之，分配性立法模式一定要从房产资源占有率较高的富人入手，通过这部分房产课税来影响现有房产存量及未来财产性收入。这就使房地产税立法所处分的税收利益绝大部分来源于分配能力较强的群体，即"收富"。考察近40年来的社会变迁，可以发现，我国收入分配差距的形成并不是房地产造成的，而是因为高收入人群收入增长快于低收入人群。[4]如果房地产税立法仅重视对富人的房产进行限制，这只会改变富人的投资手段，对分配格局的调整十分有限。[5]英

---

〔1〕 张富强："房地产税立法与国民收入分配公平正义的实现"，载《法治论坛》2017年第2期。

〔2〕 李实："中国收入分配制度改革四十年"，载《中国经济学人（英文版）》2018年第4期。

〔3〕 刘剑文："房产税改革正当性的五维建构"，载《法学研究》2014年第2期。

〔4〕 李实："中国收入分配制度改革四十年"，载《中国经济学人（英文版）》2018年第4期。

〔5〕 沪、渝两地的房地产税试点结果说明了这个问题。

国的房地产税实践也证明了富裕人群更有能力影响税收立法，通过税收筹划拉大分配差距。[1]因此，提升低收入人群获取住房（买或租）的能力（"济贫"）成为分配性立法模式的重要考量。

（二）结构要素：差别税率和税收用途的固定化

政府帮助低收入人群获取住房的基本方式包括：发放租赁补贴、城市棚户区改造及公共租赁住房建设。[2]目前，我国保障性住房建设的资金缺口还很大，融资问题繁多。[3]房地产税收入成为地方收入来源以后，为了提升低收入人群获取住房的能力，必须实行专款专用，支持住房保障体系建设，尽可能为低收入群体特别是刚需群体解决购房或租房成本过高的问题，否则，房地产税立法的分配价值会流于形式，富者因纳税造成的房产交易或保有成本会通过租金的形式转嫁到贫者一方，导致分配问题的恶化。也因如此，正如拉伦茨所言："个人在经济上的保障，与其说依靠自己的努力以及由他们自己采取的预防措施，不如说更多靠的是某个集体、国家或社会保险公司所提供的给付"。[4]分配性立法模式需将转让的分配正义置于首位，重视增强低收入群体参与分配的能力。[5]

---

〔1〕 邓菊秋、朱克实："英国房产税的功能定位及其启示"，载《税务研究》2015年第12期。

〔2〕 2017年《中央财政城镇保障性安居工程专项资金管理办法》第2条规定："本办法所称专项资金，是指中央财政通过专项转移支付安排的资金，用于支持各地发放租赁补贴、城市棚户区改造及公共租赁住房建设。"

〔3〕 有学者对2005—2015年全国30省市保障房融资效率进行了实证研究，结论是我国的保障房融资存在渠道过于单一、可持续性不强、资金投入与利用不够合理等问题。参见陈伟、陆婉灵："我国保障性住房融资效率研究——基于30省市面板数据"，载《统计与管理》2018年第5期。

〔4〕 参见［德］卡尔·拉伦茨：《德国民法通论》（上册），王晓晔等译，法律出版社2013年版，第135页。

〔5〕 即对无能力者的经济补偿。参见［美］约翰·E.罗默：《分配正义论》，张晋华、吴萍译，社会科学文献出版社2017年版，第97页。

（三）局限性反思：对经济效率的限制

当然，以分配效果为标准的立法模式侧重于为低收入群体谋求福利，并不关心房价调控，低收入群体特别是刚需群体的住房问题解决以后，市场的投机问题会相应减少，同时，由于房地产税收收入用途的固化，除了帮助解决保障性住房的融资问题，实际上并不能有效缓解地方的财政困难。也即，保障性住房体系的完善意味着商品房市场的刚需会有一定程度的下降，房产交易和租赁市场的投资动力也会进一步减弱。此外，以分配为中心的税收思路意味着房地产税税基会相应变窄，难以成为地方税的主体税种。[1]归因于分配因素的市场冷却是长期的治理预期，加之分配性立法模式在形塑地方主体税种方面的制约，地方 GDP（国内生产总值）增速也会相应放缓。因此，分配性立法模式对政府活动和市场发展均会造成限制，直接影响地方经济发展的效率。

五、本土房地产税立法的模式选择——偏重分配功能的分析

从功能主义来看，功能分析总是要假设或公然使用一个社会系统涉及的某些个人动机的概念。而论及法律的作用，可能根本就与其当初得以颁布施行的原始目的不相一致。因此，社会制度具有的显著作用，只能根据其作为一个更广阔社会体系诸成分的地位来确定。[2]房地产税法的功能定位必须摈弃传统研究思路中多元功能并举的简单认知，房地产税立法也需厘清其在整体制度结构和整体税制结构中的角色定位。

---

[1]　马海涛、任强："房产税的功用、要素设计及中长期改革策略"，载《地方财政研究》2015 年第 2 期。

[2]　[美] 罗杰·科特威尔：《法律社会学导论》（第 2 版），彭小龙译，中国政法大学出版社 2015 年版，第 57 页。

目前，我国房地产立法进展缓慢，根本原因在于立法者对房地产税法的功能定位提出了过高期望，进而造成立法设计存在大量难点，本质上也反映出我国税制结构存在诸多优化空间。组织财政收入、调控市场和调节收入分配不是也不可能是房地产税能够"一肩挑"的制度功能，对房地产税立法提出过高的期待也不符合全局法治的精神。因此，房地产税立法必须置身于财税体制改革的宏观视野中，与其他税种法定的工作相结合，共同发挥财税法治的多元价值。

具体到本书，依照不同的功能定位，房地产税立法区分为财政性立法模式、调控性立法模式和分配性立法模式。财政性立法模式以财政收入规模为立法考量标准，后续修法工作相应以收入规模的变化为中心。调控性立法模式以房地产价格波动为立法考量标准，后续修法工作相应以市场状态的变化为中心。分配性立法模式以低收入群体的住房支付能力为考量标准，后续修法工作相应以满足低收入群体的住房需求为中心。财政性立法模式在收入效率的主导下，能够满足重构地方主体税种的制度目标，又因其增加了房地产交易和保有成本，难以控制房产市场日趋严重的泡沫化，同时，在未能固定税款用途的情况下，房地产税的分配性功能会受到很大限制。调控性立法模式在相机决策的主导下，能够灵活应对房产市场的变化，但在工具价值高于规范价值的情况下，税收法定原则的落实出现了困难。此外，即便控制了房价过快上涨的势头，低收入群体的收入能力增长缓慢，会使房产交易市场的过热问题转移到房产租赁市场，形成新的泡沫风险。分配性立法模式在公平价值的主导下，能够改善低收入群体的住房需求，实现"居者有其屋"，从而在一定程度上拉近不动产分配的差距，但在公平正义理念的驱使下，房地产税立法、执法甚至是司法中的各个要素和环节都需审慎，财政收入和经济效率均会受到影响，这又难以有效支撑地方税主体税种和相机调控的制度职能。

前文已述，房地产税立法并不是一项孤立的任务安排，而是整体财税改革的组成部分。我国地域的经济发展差距、人群的收入分配差距、政府的区际管理差距等放大了房地产税统一立法的难度，只有从功能主义视角出发，明晰立法所针对的系统，关注不同结构下法律影响和经济影响的差异，才能让我国财税法治脱离"高标准立法、普遍性违法、选择性执法"的误区。[1]从我国宏观经济格局来看，在未来相当一段时间内，通过优化生产力拉动内需的政策基调会进一步巩固增值税的收入功能，我国间接税占比较高的情况也不会发生改变，但这并不意味着直接税收入规模有限，直接税收入增长的速度往往被总占比的概念遮蔽，相信在个税改革和财产税改革的互动下，直接税制也能发挥相应的调节功能。就房地产税立法而言，应当更加重视对房产交易所得、房产交易增值、土地增值等要素的调节，与个税法形成功能互洽的直接税体系，进而和间接税制保持协调关系。因此，分配性立法模式是我国房地产税立法的优先考虑。

总的来说，由于社会对房产的普遍重视，房地产税立法陷入了敏感误区。房地产税不应也不能承担过多的政治功能和社会功能。[2]在财税法治的背景下，既无需夸大房地产税法的各

---

[1]　也即立法考量的标准过多，过分重视立法工作的周延，忽视了执法的成本，同时，有限的执法资源又不足以分配，实践中形成大量的违法和选择性执法。立法目标重叠与冲突容易造成前述问题。参见田源："'普遍性违法'与'选择性执法'——中小企业资本监管的困境、改革和遗留问题"，山东大学2017年博士学位论文。

[2]　俞光远："推进我国房地产税改革与立法的建议"，载《税务研究》2018年第5期。

项功能，也无需怀揣"一法定乾坤"的企盼。财税法治是多部法律共同作用的治理结果，需要关注的仅是不同税种采用的不同立法模式，每一种立法模式都有相应的系统基础、结构框架以及修法标准。房地产税的三项理论功能存在内生的兼容问题，择一功能为主导，适当弱化其他功能的考量，不仅有助于形成连贯的制度思维，而且是财税治理过程中探得的法治经验。

第三章

开放视野：现代经济的财税法观察

第一节　美国电商发展的财税法审思

电子商务因其高效、简便等优势日渐社会化、普及化。区别于传统货币与实物的当面交易，大量的电子化交易在排除实体店面等需求后形成了截然不同的交易模式。电子商务参与主体依赖于互联网平台提供的服务进行交易。由于现行税制对电子商务课税的规定尚不完善甚至缺失，我国面临着税收大量流失、税收监管失灵等问题。从长远看，不利于我国财税法治建设和市场经济平稳发展。

放眼全球，美国是较早发展电商，且电商税制较为完善的国家之一。虽然中美税制存在体例上的差异，但在面对电商兴起和是否确立税制规范方面，美国与我国存在相似际遇。特别是美国电商税制中生发的税收法定、税收中性以及税收公平等税收基本原则亦是我国财税法治建设的要点。笔者的立场是，如果美国有关电子商务税制制定之渊源对于我国尚处发展中的本土化电商税制能够提供若干智识参照，提炼这样的要件，将便于我们思考和把握电商领域的财税法治。

一、情境制度：美国电商税制发展

美国于 20 世纪 90 年代开始步入互联网时代，诸如亚马逊、易贝等大型电商企业均成立于这一时期。而根据相关数据显示，2013 年，美国通过电子商务交易的货运价值占其制造业货运总价值的 57.1%（3.3 万亿美元），远远超过批发零售业（占比

26.5%，2万亿美元)。[1]在美国电商高速发展的背后，是美国税制的演进和变迁，一方面，电商高速发展的表征并未遮盖税收流失的客观问题，另一方面，为进一步推进社会互联网化，美国政府又投入了大量资金促进电商发展。这样一来，税制设计就显得尤为重要。

（一）萌芽：如何征税

在电商发展的起步阶段，为保障电商行业获得良好的发展环境，美国成立了电子商务工作组（Working Group of Electronic Commerce），用以研究和制定电商政策。随后，为掌握电商的发展情况，美国通过人口调查局（United States Census Bureau）、联邦经济分析局（Bureau of Electronic Analysis）和劳工统计局（Bureau of Labor Statistics）收集和分析量化指标，以帮助完善相关政策。

受惠于这些机构的保障，美国电商在萌芽阶段就获得了良好的发展条件。而为了保持网络技术和电子商务应用在世界范围内的领先地位，实现全球经济战略和本国的持久竞争力，美国政府对电子商务施行非常宽松的税收政策，这些税收政策主要以限制州政府新开税种和增加税负为主[2]，保留了部分类比适用于传统交易的"销售税"（Sales Tax）和"使用税"（Use Tax）。客观上达成了"放水养鱼"、推动电商迅速发展的结果。

（二）壮大：评估市场影响

从本质上看，美国电商发展初期的税收优惠政策是通过扩大联邦政府的"减免税权"来约束州政府的"征（新）税权"

---

[1] See "E-Stats 2013: Measuring the Electronic Economy", available at http://www.census.gov/econ/estats/e13-estats.pdf, last visited on 2022-1-10.

[2] 1996年美国财政部发表了《全球电子商务选择性税收政策》白皮书（Selected Tax Policy Implications of Global Electronic Commerce），主张不对电子商务开设新的税种或附加，而是通过调整现有的税收制度以适应和促进电子商务的发展。

和"加税（率）权"。由于电商的空间范围不再局限于某个特定地区，跨州、跨境交易该如何定性成了美国电商税制的又一难题。1992—2007 年十五年间，美国相继出台《互联网免税法案》和《互联网税收非歧视法案》来延缓对电商征税的约束。[1]同时加强了对电商交易的监管和评估。

与此同时，各州通过判例、解释等方式，打击逃税和避税行为，以保障州政府财政收入的正常运转。这一时期，联邦法院和州法院之间的博弈尤为突出。其中最为著名的包括"Quill案"（112 S. Ct. 1904［1992］）[2]。围绕电商纳税问题，美国税法的发展经历了相当长的矛盾期，唯一能得到确认的是，美国的联邦政府和州政府在对待电商课税时所采取的立场刚好代表了电商课税的两个基本问题：其一，税收政策是否必须帮助电商行业发展壮大？其二，税收政策是否应当维持保证财政收入的基本功能？

（三）健康：税收流失的规制

上述两个问题的纷争因巨额的税收流失而暂时告一段落。下表是 2012 年美国税收流失数量位列前五的具体情况[3]：

---

〔1〕 2001—2007 年，时任美国总统布什通过《互联网免税法案 2001》《互联网免税法案 2004》《互联网税收非歧视法案》等，连续三次宣布延长电商产业的免税期，并禁止对电子商务开征多重性或歧视性的税收。

〔2〕 奎尔（Quill）公司是北达科他州的第六大办公用品供应商，拥有超过三千名客户。但奎尔公司在该州没有零售店、仓库或任何有形资产，而是通过发行销售目录、传单、广告、打电话等方式拓展市场，并通过邮政等公共交通运输将其他州的货物运送给该州的客户。北达科他州试图根据其本州对零售商的定义，对奎尔公司施加代扣代缴使用税的义务。

〔3〕 See "Collecting E-Commerce Taxes ｜ E-Fairness Legislation", available at http://www.ncsl.org/research/fiscal-policy/collecting-ecommerce-taxes-an-interactive-map.aspx#1, last visited on 2022-8-10.

表 3-1　2012 年美国电子商务销售税和使用税
流失前五情况（单位：百万美元）

	加利福尼亚州	德克萨斯州	纽约州	佛罗里达州	伊利诺伊州	总计
销售税流失	4160	1777	1767	1484	1059	10 247
使用税流失	1905	870	866	804	507	4952

电商税收优惠政策的长期推行助力了美国电商行业的快速发展，也引发了巨额的财政赤字。由于大量交易向电子化转型，税收流失形成了财政收入的缺口。目前，已有 13 个州通过颁布法令来扩张州政府对远程销售商征收销售税和使用税的权力，这些法令被统称为"亚马逊法案"（Amazon Laws）。在一定程度上，亚马逊法案的出台为地方财政挽回了一定的税收收入。

在谋求发展电商市场和保障财政收入的平衡成为核心问题后，美国国会接连推出《市场公平法案》（Marketplace Fairness Act，MFA）和《2015 年远程交易平权法案》（Remote Transactions Parity Act of 2015，RTPA），二者均旨在扩张州政府对远程销售商的销售税管辖权，统一各州对电子商务远程销售商的征税规则，减轻远程销售商跨州交易的合规成本与负担，从而实现电子商务与传统商务的税收公平，促进电子商务的健康、可持续发展。

二、智识提炼：税制特征基本探求

因美国税制与我国税制结构存在较大差异，讨论具体税种设计并没有现实意义，故这里便不论美国电商课税的具体税种，而注重探究美国电商税制的规制逻辑和理论特征，深挖制度表象之下能够使本土电商税制建设受益的要素。

（一）纳税主体的可税性

由于电商交易的监管存在诸多难题，其课税尺度难以得到有效把握。为了明确电商交易的可税性，美国法律对电商税收征纳关系的调整进行了清楚界定。在 1996 年美国财政部颁布的《全球电子商务选择性税收政策》白皮书中，电子商务的税收政策明确包含一般性、中立性和互联网技术特征。这在根本上树立了电子商务各交易方的纳税主体资格，即在前述三个特征的法律框架下，电商参与主体应当缴纳税款。

为了细化征纳税款时需要参考的课征要素，《全球电子商务选择性税收政策》白皮书中还提到了电子货币、银行账目、记录保存等认定标准。并且通过对几种"实质性税收法律问题"（Substantial Tax Issues）的列举，强调了电商税收收入分配的关键点和重要性。如此，美国电商税制的基本架构得以形成，这也是美国对其电子商务课税可税性的源泉界定，消除了数十年来美国电商税制的发展能否征税的疑虑。

（二）征税权

税款征收以征税权的行使为前提，而现代税收国家中，征税权势必来源于法律，对电商的课税亦概莫能外。前文论及本质上美国电商发展初期的税收优惠政策是通过扩大联邦政府的"减免税权"来约束州政府的"征（新）税权"和"加税（率）权"。这些权利均衍生自法案、判例和法官解释，具备较高程度的正当性。

所有优良税收制度的公分母（在它们变坏之前）都是适度。[1] 决定这种适度断然不是空手为之，而是美国税制中对征税权来源的合理分配，才使电商税制的发展中存在税权博弈的

---

[1]　[美]查尔斯·亚当斯：《善与恶——税收在文明进程中的影响》（原书第二版），翟继光译，中国政法大学出版社 2013 年版，第 482 页。

平衡局面。而征税权的法定性也在尽力维持电商税制循序渐进地发展。这可能是超越电商税制本身，引发人们关注税收对市场经济影响的原因之一。

（三）税收收入与市场

一面是定分止争的可税性界定，一面是法律赋予的征税权，美国电子商务的税制在此二者的支撑下，从片面强调税收优惠，保障电商发展过渡至扩大州政府征税范围，重视保障税收收入。客观上遵循了"涵养税源，增加税负"的课税法则，实际上却反映了美国电商税制建设在市场发展与税收收入间的抉择。

不可否认，开征新税和提升税率会在一定程度上消减电商交易的积极性，但在传统交易向电商交易转型的过程中，考虑到电商交易的效率和成本更低，理论上只要相关税负不会高于电商交易节省的成本，那么电商行业并不会受到过大冲击。税收的职能本身应当是积累财富、提升产业水平。[1]显然多年来美国针对电商的包容和鼓励的态势限制了税制的过分扩张。当传统交易不再成为税源的"重镇"时，日益高涨的财政赤字让电商税制回归冷静。虽很难预料未来美国电商的税负将从重或从轻，但其敲定税制中体现出的市场促进与税制限制的考量标准依旧可圈可点。

三、关照适用：本土电商税制反思

作为电商产业的后起之秀，我国电商税制的发展尚处在"彷徨"甚至是"迷茫"之中。换言之，中国电商在税制安排上还没有找准定位。两个方面的原因决定了建立健全本土化电商税制的必要性：其一，税制缺乏容易引起盲目的交易行为，

---

〔1〕 刘剑文："财税法功能的定位及其当代变迁"，载《中国法学》2015年第4期。

例如，微商中的二手商品交易存在欺诈等现象；其二，税制缺乏直接导致国家税收流失。观察美国电商税制演进的过程，涉及可税性、征税权等方面的探讨亦存在关照余地。

（一）本土电商发展的基本定位

旁观美国电商，自 20 世纪 90 年代开始发展，至今已有 30 多年的研磨期，如今美国电商税制在《市场公平法案》等一系列法案的规制下，基本形成了成熟的治理结构。虽然各州电商发展的程度可能存在差异，但各州的法律体系至少保证了"相对稳定"的电商市场秩序，也因此催生了相适应的税制安排。

反观我国电商，严格意义上我国电商的发展起步于互联网普及以后，大约在 2007 年后期。以笔者亲身体验为例，诸如淘宝、京东商城等电商平台几乎均从此时开始步入社会生活。历经飞速发展，随着第三方支付软件的推广，我国电商交易规模如今已经超过 40 万亿元。应当注意，时间短、速度快几乎是我国所有行业的标志特征，而具备互联网特性的行业发展速度更是十分迅速。日新月异的行业发展与我国法治建设之脱节已成为国家治理中不可忽视的障碍，税制建设方面尤为突出。

目前，我国尚没有系统性法律法规专门针对电商课税，甚至连专门规范电商发展的电子商务法草案，也是在 2016 年 12 月 19 日才首次提请第十二届全国人大常委会第二十五次会议审议。尚不明确电商行业应当征何种税，又如何确定税率和优惠政策。但可以肯定电商行业必须纳入税收管理的范畴中。究其原因，除巨大的税源外，税收秩序可以克制电商交易中可能产生的盲目性和自发性问题。税收作为晴雨表，亦能反映电商发展的实际状况。因此，我国电商的基本定位应当是速度十分快，但税制（及法制）不明确。

（二）破题思路

旁观美国电商，从《全球电子商务选择性税收政策》白皮书到《全球电子商务纲要》，再到《互联网免税法案》《互联网税收非歧视法案》以及《市场公平法案》，美国的电商税制在大量的法案中，得到了交易定性、课税区分等规范准则。在清楚界定纳税主体、纳税行为等要素的同时，还给予了各州政府征税权的正当性与必要性，正是由于这些法案的推动，才形成了美国税制日趋完善的治理结构。

反观我国电商，目前在各类税收政策文件中与电商直接相关的，均是从跨境电商的角度进行规定的，包括《国务院办公厅关于促进跨境电子商务健康快速发展的指导意见》（国办发〔2015〕46号）、《财政部、海关总署、国家税务总局关于跨境电子商务零售进口税收政策的通知》（财关税〔2016〕18号）等，而针对本土电商的境内交易则无明确规定。对电商交易行为类别、模式等规定的缺失，客观导致税制安排时缺乏相应考量标准，这可能也是目前我国电商税制窒碍难行的重要缘由。建议首先通过相关法律法规确定电商的纳税主体地位。

（三）地域差异

旁观美国电商，因美国的地域经济发展状况较为均衡，即便发展程度略有不同，但各州电商普及时间趋于同步，宏观协调的联邦税收政策（特别是税收优惠）和微观适用的地方税收政策相结合，并不会引发失控的社会问题。另外，美国的交易信息系统较为完善，有前述具体的机构进行监督和管理，进一步保持了电商交易行为的可控性和合规性，给电商税制提供了良好的土壤。换言之，美国电商税制的环境因素需要被纳入思考范围。

反观我国电商，东中西部地区经济发展不平衡，其应用电子化交易的程度存在很大差异。沿海及中部地区的信息网络普及较西部地区更为发达，人们选择电商交易的可能性也更高。

而一旦适用统一的税收政策，很可能因地方征税权的缺失而制约西部等欠发达地区电子商务的发展，从而加剧地域间的发展失衡。我国尚不具有适用统一电商税制的条件。

但对于社会生活来说，一个社会的形成其实是在一个确定的社会环境中。[1]即便不具备统一适用电商税制的条件，本土化电商税制构建依旧具备个性化优势，如试点方法。可以考虑在东部等较发达地区开展类似"营改增"试点的方法进行测试，并在西部推行电商发展的优惠条件，促进区域间的均衡发展，为后续统一的税制建设提供条件。

（四）收入功能

从美国多年"免税"环境的实践看，电商获得了蓬勃发展的空间，但造成了大量的税收流失。有研究表明，我国电商行业的税收流失规模在 2019 年已达 1 万亿元[2]，这与我国空白的电商税制不无关系。在财税法诞生时期，国家的主要目的是通过财税法来组织财政收入。传统交易向电商交易转型的过程中，因电子信息的安全性和随意性等特征，容易造成交易主体逃税和避税的客观问题，从而引发税收流失。将电商交易收归课税对象，能够在一定程度上防止税收流失，这也要求发挥电商税制的收入功能。

尽管我国应对本土化电商时已经尝试对垂直型电商和企业开征增值税和所得税，但这部分企业仅包含了类似京东商城、苏宁易购等几大巨头电商企业，而缺乏完备管理体系的中小型电商企业的纳税遵从度并不令人满意。同时，在税务监管中，存在大量的认定难题，例如，微信朋友圈中的代购、微商等均处于规制空白区。一边是监管失灵，一边是自觉纳税意识不足，

---

〔1〕 苏力：《法治及其本土资源》，北京大学出版社 2015 年版，自序。

〔2〕 江柳金："互联网交易税款流失研究"，江西财经大学 2021 年硕士学位论文。

由此，我国电商课税实务中能够获取的收入在理论评估数和实际收缴数间存在很大差距。

四、原则拓补：财税法治本源脉络

美国是以直接税为主，联邦及各州均有税收立法权的国家。而我国是以间接税为主，税收立法权高度集中于中央的国家。乍一看，二者的税制各不相同。针对电商课税，美国所推行的销售税和使用税并不能直接套用到我国的立法实践中。但所有的立法都必须反映立法原则和立法精神，否则这些法律将缺乏生命力。特别是我国正面临财税法治建设的关键时期，大量的税收立法工作已列入计划，源于美国电商课税中的税制原则，在本土化电商税制甚至是整体财税立法中亦具有参考价值。

（一）税收法定原则之统摄——法治的基本定位

从美国州政府无法随意针对电商的跨州交易行为进行课税的实例来看，美国的税种开征，即征税权的设定需要通过判例、法案、解释等进行授权，才能进行相关的稽征行为，这是税收法定原则的典型体现。我国电商税制多年来除却一般的企业所得税、增值税，针对商品通过平台交易的增值〔1〕、消费者购买简单的网络服务〔2〕等应税行为的规制基本空白。征税权究竟应当赋予何种稽征机构，相关交易又当设定何种征收方式均为亟待探究的现实问题。

立法是一项需要征求民意的工程。囿于研力，整章建制的对策还有待进一步思考，但回归理性的探讨却能让我们面对电商课税事项时保持冷静，避免立法失败。目前，我国电商税制的主要问题集中于开征环节，还未触及调整环节。开征环节当

---

〔1〕 一些黄牛炒作的门票、车票等。
〔2〕 包括网络预约的手机刷机、维修等服务。

中，尚需筹集电商税制的基本要素。而相关法律依据则是电商税收征管的基础环境。此外，由于法律制定过程最为正式、规范、透明，能够以严格的程序规范征税权的运行过程，使之至少具有最低程度的形式理性。[1]依循税收法定，推进电商税制有法可依有助于财税法治得到具体体现，也能够规范电商交易行为，维护市场秩序。

（二）税收中性原则之强调——市场的根本属性

美国《全球电子商务纲要》中指出电商税收立法应当遵循以下三大原则：其一，税收中性原则，税法制度不能歧视任何交易行为；其二，税法体制应当秉承简单、透明的原则，能够容纳相关的税种，易于补充，并且最大程度节约记录的保存成本；其三，应当能够适应美国和其他国家现有的税法体制（国际税收层面）。

由于电商市场本质上并未脱离市场属性，如果纯粹以促进互联网发展的角度来看待电子商务，那么因市场自发性引起的竞争乱象将对互联网产业造成冲击，长远看并不利于电子商务的发展。从美国电商税制的经验看，我国也应当坚持税收中性原则，即税收政策不能排斥规制电商交易的任务，而应当积极参与到电商的规制中来。一方面，不应区分所得是通过网络交易还是通过传统交易取得，对相类似的经营收入在税收上应公平对待；另一方面，税制安排也应当因地制宜，结合不同地区的电商发展状况适用具体的税收政策。由此两面来促使税收中性原则为电子商务提供稳定的税制。

（三）税负公平原则之代入——税收优惠的适用

美国《市场公平法案》中规定年收入低于 100 万美元的远

---

[1]　刘剑文：“落实税收法定原则的现实路径”，载《政法论坛》2015 年第 3 期。

程销售商可以豁免州政府的销售税管辖权，美国《2015 年远程交易平权法案》也为小型远程销售商制定了渐进的三年标准豁免规则，此类税收优惠政策均是为了保护电商中小企业的发展。应当注意，除了淘宝、京东商城、苏宁易购等大型电商企业外，我国还有大量的中小型电商企业。即便当下近乎免税的电商税制环境需要改变，也应当重视为这些中小型电商提供发展空间。须指出，税制方面的具体表现应从税收优惠方面展开，而税收优惠适用的标准是落实税负公平原则的内涵之一。

相较于保护中小电商企业，税收优惠的另一项优点是能够吸引更多的企业向电商转型，一方面符合国家供给侧结构性改革的吁求，推动创新驱动发展和"互联网+"战略转型升级，另一方面能够提升税务机关在税务征收工作上的效率。[1]《中共中央关于制定国民经济和社会发展第十三个五年规划的建议》指出要"促进信息技术向市场、设计、生产等环节渗透"。合理的税收优惠设计不仅是税负公平原则的具体落实，也能达致信息技术向传统交易模式的渗透，从而完成推进市场信息化的制度目标。

五、小结

总的来说，美国电商税制的发展历程为我国提供了制度关照。可税性和征税权的先行确立是电商税制生发的源泉。税法的收入功能与治理功能在电商领域应得到重视与调和。美国电商税制的要点包括税收法定、税收中性、税收公平三大根本原则，这同时也是我国财税法治建设的破题思路与落脚之处。将立足基本国情和吸纳可考经验相结合，切实落实税制基本原则，

---

[1] 例如，在相关企业履行协力义务时，涉税的账本、票据等均可从网上进行处理，便于数据保存。

重视电商行业发展与财政收入兼顾，将为本土化电商税制提供立法角度和制度逻辑。

　　电商课税之所以势在必行，是因为税制对于市场的调整和规范作用能够助力我国的财税法治建设。美国电商税制的发展为我国电商课税提供了若干智识参照。从可税性的前提要件出发，多部法案和案例稳定了美国电商税制的演进历程，促使其最终在税收收入和电商发展中谋得平衡。税收法定原则作为现代税收国家遵循的基本原则，是税收体系不可或缺的重要指导。而征税权又是税务机关能够开展税收征收行为的基础，亟待立法予以确定。还应当注意，推进电商领域税制从"无法"走向"有法"，再到"良法"甚至"善治"不可忽视我国的本土个性和特殊国情。

　　长期以来，财税法作为政策被行政部门灵活使用，使一些新兴领域的税制可能"朝令夕改"，缺乏预见性和保障性，并不利于我国市场经济的进步。美国电商税制推进电商行业发展的小结体现出，无论未来我国电商行业面临何种具体的税制安排，税收中性和税收公平两大原则将作用于均衡电商行业的纵横发展。唯有符合国民意志的税收政策才能最大程度保障税收法治的顺利推行。在互联网渗透进人民生活各方面的时代，财税法治面对着纷繁复杂的市场环境和多元客体，为了规制市场浅显意见的乱象，极易忽视财税法的本来功能和法治目标。合理调配电商税制的功能分殊是时代背景中财税法治行稳致远的重要方面。

第二节　电商发展与税收征管制度改革

　　在传统交易模式不断被电子化吞食的过程中，传统税收征管模式也随之暴露出诸多弊端。电商领域中，传统税务征管从登记到申报再到征收以及检查等环节均存在不同程度的"不兼容"，征管不力直接导致近些年巨额的税收流失。[1]尤其在跨境电商方面，诸如"海淘""代购"等跨境电商交易的兴起，更是加剧了税收流失的情况。从国家治理所需要的财政支撑的角度看，信息化时代如果不能对电商交易进行有效监管，会使国家财政面临很大的税收风险。特别是在实体经济电子化的过程中，如果不能将税收调节分配的功能发挥出来，极易出现市场乱象，从而引发经济危机。

虽然电商领域税收出现"真空"的问题十分严峻，但在处理电商课税的问题上并不能简单地"一刀切"。目前电商课税已经是全球化时代的整体趋势，在应不应该收税的问题上并不存在纷争，争议较多地集中在如何收的问题上。本节将提出若干制度优化的建议。

一、文本审思：《税收征收管理法》的现实罅漏

本质上看，现行《税收征收管理法》并没有专门针对电商交易的征管规定，与之同时，我国对电商税务征管的具体操作依据的是国家税务总局和财政部制定的若干通知和文件，《税收征收管理法》的修改是否应参照这些文件？这就会出现两个问题：其一，如果选择提升这些规范的效力层级，那么《税收征

---

[1] 2017年初，中央财经大学税收筹划与法律研究中心发布的电商税收研究报告显示，大型电商缴税较为规范，天猫、京东商城、苏宁易购等10余家第三方平台的B2C电商均已进行税务登记并实施正常纳税。只有个别商户，会通过不开发票或虚开发票进行避税。相比之下，C2C电商也就是个人开的网店不缴税或少缴税的情况比较普遍，在2012—2016年期间，少缴的税收额呈现逐年增长趋势。与实体店相比，C2C电商2015年少缴税在436.6亿元—614.33亿元，2016年少缴税在531.53亿元—747.92亿元。课题组预测，2018年C2C电商少缴税数额可能会超过1000亿元。

收管理法》的修改看上去仅是在做一些简单的补充工作。这样
处理的难度并不大。其二，如果选择"另起炉灶"，或是刻意模
仿别国政策，或是盲目操作，就容易出现制度衔接的漏洞导致
"改革失灵"，不利于为电商发展提供良好环境。但显然目前的
处理方式是"补丁式"的，各个税法规范之间并没有形成有效
的逻辑联系，《税收征收管理法》作为一部税收程序上的"龙头
法"，必须存在同一的立法宗旨和原则目标。又因实施中的政策
已经形成了社会对政策的某种"利益期待"，"另起炉灶"的制
度空间十分狭窄。优选的做法是针对现行的《税收征收管理法》
进行考察，对其滞后于时代发展的部分作出调试。

（一）传统征管模式的局限性——信息能力不足

20 世纪 90 年代初，我国废除了税务专管员"管户制"，全
面推行"征管查分离"模式，逐步建立起基于税务登记、纳税
申报等税收业务流程的"管事制"，实现征管模式第一次转型。
"管事制"推行几十年来，强化了业务上的专业化分工和计算机
的运用，税收征管质量和效率得到了极大提高，税收收入连年
增长，税收地位也不断提升。但进入新世纪以来，"管事制"征
管模式逐渐显现出与经济、税收发展不相适应的状况，尤其是
随着大数据时代的来临，代表新兴生产力的大数据技术对税收
征管手段提出了更高的要求，对现行税收征管模式产生了巨大
的影响。

传统征管模式——"管事制"的推行，正值我国经济快速
发展的时期。同时，计算机技术跃升到更高层次，大数据时代
的网络信息技术展现出新的生机与活力。信息化时代的新型交
易方式———电子商务，完全打破了传统贸易格局，极大地推
动了企业经营的规模化、网络化和国际化。而我国税收征管却
远未跟上这些变化的节奏，传统税收征管机制、管理方式和管

理制度等都面临着一系列难题。究其具体问题包括四个方面。

第一，传统征管模式不能有效解决税收流失的问题。在大数据时代，数据不仅是计算机处理的对象，也是一种资源。纳税人已经认识到数据的资源性特征，想方设法进行独占。反映到税收征管实践中，就是纳税人占有信息上的优势，可以随意地隐匿信息以增加自身福利。而税务机关对纳税人的生产经营情况知之甚少，处于信息劣势，在税收征管工作中常常处于被动。税收征纳之间存在的信息不对称，是导致税收流失的根本原因，也是税收征管面对的最大难题。现行的"管事制"征管模式，仅重视业务管理和专业化分工，却忽视了信息、数据的管理。可以预见，即使纳税申报业务做得极其完美，纳税申报的真实性、准确性却值得商榷。因此，单纯地强化业务管理并不能有效解决信息不对称问题，当然也不能有效减少税收流失。

第二，传统征管模式不能有效解决跨地区（跨境）税源监管问题。随着市场经济深入发展，尤其是电子商务新型贸易方式的普遍推行，企业经营越来越灵活。例如，武汉一家公司的采购人员在杭州出差时，通过当地终端购买了北京一家网络公司的一批电脑终端设备，北京网络公司接到订单后，要求武汉公司将货款支付给青岛分公司并由青岛分公司开具发票，收到货款后指示设在沈阳的配送中心发货。在这样一笔交易中，涉及多地多家企业，资金流、物流、信息流完全分离。结合跨境交易与传统征管模式，可以得出如下结论：依靠一地一个税务局已经很难全面地监控税源。换句话说，一个基层税务局把业务做得再好，也无法有效解决跨地区税源的监管问题。

第三，传统征管模式不能保证基本征管制度的效力。在工业时代，纳税人经营通常都有实体经营场所，税务机关通过检查实体店来核实纳税人是否办理了税务登记。另外，纳税人想使用发票，必须先办理税务登记，从而对不办理税务登记的纳税人形成约束。进入信息化时代后，新兴的电子商务交易具有主体隐匿性、标的模糊性、地点流动性以及完成的快捷性等特点，纳税主体很容易借此隐藏信息，做出逆向选择。税务部门虽然建立了网上税务登记制度，但因为没有实体店可查，很多网店也不开发票，如果纳税人不主动登记，税务机关也束手无策。另外，纳税评估工作也因缺少税收大数据支撑而无法甄别纳税人信息，整个工作基本上流于形式。

第四，传统征管模式不能有效地支撑税制改革。税收征管是税收制度实施的重要支撑和保障。进入大数据时代，这种支撑、保障作用更加明显，甚至成为税制设计、改革的必要条件。例如：个人所得税改革，其趋势是向家庭综合征税过渡，这就急需家庭成员的数据信息；房产税改革未来的趋势将是对房产存量征税，则急需房产存量、业主的数据信息；等等。但在"管事制"模式下，税务机关很难获得这样广泛的数据，因此，社会期待的税制改革不得不推迟。

从传统征管模式所遭遇的困境来看，基本与税务机关信息匮乏有关。实践也证明，传统征管模式虽然有利于税务机关形成规范的基础工作，但对于解决信息不对称问题效果并不理想。

（二）电商交易征管的核心问题——交易实质与交易方式的视角

电商交易的税收征管本质上就是要解决信息收集的问题，达到交易信息准确、纳税责任承担明确、税款入库及时等税控目标。从前文可知，电商交易存在多种途径，目前小到微信中开设的"个人代购"，大到淘宝、京东商城等大型电商企业都能被涵盖进"电子商务平台"的范畴。深究之，本书所探讨的"平台"应当是为网络交易提供机会和可能性的第三方。但严格意义上讲，运用一般聊天进行的交易（微信间的个人代购，网店（如微店）除外）很难将"微信"（聊天工具）视作平台，否则会将"税务责任"扩大化，违背了"减税降负"的改革方向。根据电商平台经营业务、盈利方式的不同，可将其分为无偿性平台和有偿性平台。因此，不同平台在具体网络交易中发挥的作用也有很大差异。

由于平台与电商交易关联密切，如果不对平台类型加以厘清，极易造成税收征管的混乱。表面上，买卖双方在平台上交易时依赖于平台所提供的服务，但本质上，不同平台在交易中扮演的角色并不相同。作为具有自营业务的京东商城、亚马逊等电商平台，其自身在交易中既可能成为商品的销售方，也有可能成为交易平台的提供方。这种情形下，由于平台在交易环节中能够获得交易中的利益，这一部分营利收入征税是满足营利性税收的基本条件的。其可税性能保证税收来源的合法有效。此外，对于并不具备自营业务的平台如淘宝、易贝等，其在电商交易中存在前述的无偿性、中立性、虚拟性等特点，因此交易的买卖关系中并不涉及平台的增值效果，单纯从跨区域或跨境交易的情况看，平台只是提供了一种媒介，即便这种媒介看上去是独一无二的选择，但如果没有产生收益或增值就不符合税收债务成立的前提要件。毕竟收益是征税的基础。[1]

从前述分析也可看出，电商交易中最主要的信息收集任务是交易实质的内容而并非交易的形式，也即纳税的前提条件是相关主体能在具体的交易当中获得利润。如果仅是为了征收的便利，不考虑交易内容的实质，从而对所有涉及交易的主体都设置纳税义务，将不仅违背税收之债成立的前提要件，更违背

---

〔1〕 参见张守文："论税法上的'可税性'"，载《法学家》2000年第5期。

税收法定和赋税公平的基本原则。应当认知到，对电商平台设置代扣代缴义务的豁免空间过窄，不仅不利于厘清电商交易的实质，更有可能打击电商发展的积极性，从而对宏观经济造成一定的影响。而如果将本属于买卖双方的纳税责任转嫁给平台进行承担，也极易引起电商交易秩序的混乱，规制的成本将比找寻真实交易信息更加昂贵。

（三）电商平台的代扣代缴责任

虽然不能将提供交易服务与参与交易相混淆，但由于电商平台本身对电商交易的发生起着渠道作用，其依旧应当在税收征管中承担相应的义务。前面已经提及，目前，《关于跨境电子商务零售进出口商品有关监管事宜的公告》（海关总署公告2018年第194号）明确规定，跨境电子商务企业、消费者（订购人）通过跨境电子商务交易平台实现零售进出口商品交易，并根据海关要求传输相关交易电子数据的，订购人为纳税义务人。在海关注册登记的跨境电子商务企业、申报企业或物流企业作为税款的代收代缴义务人，代为履行纳税义务。虽然这一点在《税收征收管理法》中尚未予以明确，但平台作为扣缴义务人的定性应当是修法的方向。这里需要对扣缴义务人和其他"税收参与人"的具体义务作一些区分。

对于扣缴义务人的法律责任，我国税法理论上普遍将其视为税法上的第三人。税法上的第三人责任，就是当满足法定的条件时，让税收债务人以外的第三人以其财产为税收债务人的税收债务承担相应法律责任。税法上可以承担责任的第三人的范围主要有：扣缴义务人、纳税担保人、第二次纳税义务人、委托代征人、税务代理人、行政协助人等。以下将后面几种第三人视作"税收参与人"。

第一，扣缴义务人与纳税担保人。

纳税担保人是为纳税人的税收债务的履行提供担保的单位和个人。纳税担保是经税务机关认可的第三人（保证人）同意，以自己的信誉和财产为纳税人的税收债务提供担保并签订纳税担保书而成立的。它是税务机关为使纳税人在发生纳税义务后，能够保证依法履行纳税义务而采取的一种控管措施。当纳税人不履行纳税义务时，纳税担保人应代其履行纳税义务。纳税担保人的资格受到严格限制，国家机关，学校、幼儿园、医院等事业单位、社会团体不得作为纳税担保人。扣缴义务人的范围较纳税担保人更为广泛。扣缴义务人在纳税人拒绝扣缴税款时，有向税务机关报告的义务，税务机关向纳税人追缴税款，税收债务不发生转移。

第二，扣缴义务人与第二次纳税义务人。

第二次纳税义务人，由于其与纳税义务人之间具有人身或财产上的关系，当纳税义务人滞纳税金且其财产不足以支付所欠税金时，必须承担代替纳税人缴纳税金的义务。第二次纳税义务人进入纳税义务人与国家之间的公法上的债权债务关系里面，是由于他们与纳税义务人之间的民事上的权利义务关系，其实这里是准用了民事权利义务关系，即其发生的基础实际上是税法对民事关系的准用。第二次纳税义务人在该法律关系中仅仅是作为纳税义务人的代理人或者义务的承担者，仍旧没有改变原纳税人与国家之间的税收债权债务关系。扣缴义务人并不承担纳税义务人的税收债务，由征税机关向纳税人追缴。

第三，扣缴义务人与委托代征人。

我国《税收征收管理法实施细则》第 44 条规定，税务机关根据有利于税收控管和方便纳税的原则，可以按照国家有关规定委托有关单位和人员代征零星分散和异地缴纳的税收，并发给委托代征证书。受托单位和人员按照代征证书的要求，以税务机关的名义依法征收税款。委托代征人必须具有独立主体资格，有独立承担法律责任的能力，否则委托不产生法律效力。委托代征人既不具有征税主体的地位，也不属于纳税主体，仅仅是通过与税务机关签订委托征收协议、以税务机关的名义征收税款，其享有的是合同主体的权利和义务。扣缴义务人的主体地位存在特殊性，在代扣、代收税款时，按税法规定自行核算，扣收税款，向税务机关解缴时又履行缴纳义务，履行双重法定义务，享有的是法定的义务和责任。

第四，扣缴义务人与税务代理人。

税务代理人是接受纳税主体的委托，在法定的代理范围内依法代理其办理税务事宜的机构和人员。税务代理人依据纳税主体的自愿委托，在委托代理权限范围内，依法为其办理法律允许的各种税务事宜。税务代理人为被代理人提供涉税服务，税务代理适用代理制度，代理结果由委托人承担。因此，税务代理人的代理行为不是在独立履行纳税义务，不是税收征纳活动中的一个独立的纳税主体，而是以第三者的身份为纳税主体提供纳税帮助、服务、协助的纳税帮助主体。税务代理人可以依其与纳税义务人之间的委托代理协议，作为纳税人的代理人来为其办理税务事宜。税务代理人有其特殊的义务要遵守，需要承担法律规定的专门的职业责任。扣缴义务人是以自己的名义，按照法律规定履行应负的税法义务，不是纳税人的代理人。扣缴义务人在未通知纳税人甚至纳税人反对的情况下，仍然可以按照法律规定扣缴相应数额的税款，干涉纳税人的财产权利，而无需承担损害赔偿责任。

第五，扣缴义务人与行政协助人。

我国《税收征收管理法》第 5 条第 3 款规定，各有关部门和单位应当支持、协助税务机关依法执行职务。很多国家也在行政程序法中规定了行政协助制度。行政协助人，是指按税收法律、行政法规规定，为征税机关履行职责提供支持、帮助的组织和个人。我国《税收征收管理法》规定的行政协助人范围很广，包括地方各级人民政府、工商行政管理机关、公安机关、人民法院、金融机构、运输及邮政企业和个人等。扣缴义务人根据税法规定履行扣缴义务，并具有获得相应收益的权利，不是征收主体的协助人。

一般而言，扣缴义务人负有的扣缴义务是一次性的，如果扣缴义务人未履行扣缴的义务，则其应当面临的是接收行政处罚的责任，并非补缴税款的责任。这就决定了扣缴义务人在处理代扣代缴事项时受到的是来自行政机关对未履行代扣代缴义务的核定，而并非是否清偿税收之债的核定。也因此电商平台（特别是无偿性电商平台）在不产生脱法扣缴的前提下，无需承担纳税义务。[1]

二、制度建议：《税收征收管理法》之再造与协同

从本书分析的内容看来，《税收征收管理法》的修订在处理电商平台税务征管的问题上主要集中于三个方面：一是电商平

---

[1] 补缴、追缴作为扣缴义务得以恢复原状的一种形态，具有弥补脱法扣缴行为所致的扣缴义务预期不能的损害后果，以及敦促扣缴义务人全面、适当履行其扣缴义务的双重功效。况且，补缴、追缴也不会加重扣缴义务人的实际负担。为此，补缴、追缴为现行税法规定的最常见的一种扣缴义务责任形态。但是，扣缴义务人不同于纳税人，其在扣缴制度中也不应承担过重的负担，应严格控制扣缴义务人补缴、追缴责任形态的责任范围，否则将会导致扣缴义务人进一步规避应受的补缴、追缴的责任，最终将难以恢复原状。基于此，以扣缴义务人应扣未扣、应扣少扣、应缴未缴及少缴的税款作为补缴、追缴的责任边界，无疑更合乎补缴、追缴的本质和精髓，既可满足国家的税收利益，又不致过多地干预扣缴义务人应有的自由和空间。参见叶金育："扣缴义务人责任研究：类型化与反思"，载《时代法学》2013年第3期。

台承担的代扣代缴义务的边界；二是电商平台义务性信息披露的边界；三是电商平台的征管与国际形势的结合。其中第一个问题在前面一部分已经进行了诸多分析。本部分主要讨论电商平台信息披露的边界和修法的全局视野。

（一）树立个案披露的税务信息征管原则

信息在博弈过程中是至为重要的一类因素，信息偏在等现象普遍存在于现实生活中。在"税务机关—纳税人"的二元结构中，纳税人直接掌握与税收债务相关的信息，信息短缺常常制约税务机关"依法征税"的预期目的之达至。即便如此，税务机关在获取这些信息时依旧需要在法律约束的范围内进行。前面已经谈到，在信息化时代，信息已不再属于数据的范畴，信息具备的价值、作用使其俨然成了一类重要的资源。由于信息安全问题频发，人们对信息的认知和敏感度有了很大提升。具体到本书，电商平台掌握着电商交易中买卖双方的主要信息，包括标的、标的额、运输信息、银行账号、交易方身份证号等，如果为了便于税收征管从而要求电商平台无条件公开这些重要信息，如前文所述，一旦相关信息涉及商业秘密或个人隐私，又会进一步引发电商交易参与者对信息安全的恐慌，电商发展也将受到严重阻碍。

除此以外，从目前一般电商参与主体的情况来看，存在企业（Business）和个人（Customer）两种可能纳税的主体。对于企业的经营信息，由于企业本身要缴纳企业所得税，在电商交易中产生的所得信息依法应当计入企业的财务报表，而积极维护账本是企业应当履行的协力义务。这部分信息并不需要平台进行披露，如果电商平台未有效履行代扣代缴义务，税务部门有条件直接找到相关企业责任方，从而进行税务的核查与稽征。

另一个问题是自由度较高且隐蔽性较强的个人。个人在电商平台上从事交易行为的可税性的前提是经营额在一定数额之上。一般来讲，数额较大的交易个人也很难开展，一般是由业务能力更强的企业进行。而针对大多数小额经营的个人，如果让平台代扣，有可能遇到以下四个问题：一是个人开店的情形太多太普遍，有的可能只是转让二手物品，不构成商业行为。即使构成也多为小额，可免税。二是个人开店的情形普遍维持不久，不构成商业持续经营的特征。三是个人开店多是 C2C，如欧盟等关于平台义务的规定一般只针对 B2C 或 B2B，并未涉及 C2C。四是支付宝类比普通银行，没有支付宝时，个人买卖二手等收入存入银行，银行也没有代扣义务。由此观之，对个人的信息进行公开披露，似乎也并无实际意义。

（二）域外税收征管鉴景中平台责任的本土适用

当前主要国家对电商跨境零售的涉税征管模式分为传统征收模式、买方征收模式、卖方征收模式以及中介征收模式。

表 3-2　主要国家对电商跨境零售的涉税征管模式

模式类别	特征	优点	缺点	典型代表
传统征收模式	电子化程度较低、低值货物免征增值税、存续时间长、适用范围广泛	维护消费者利益、促进了电商发展、促进社会资源配置、对征管机构技术水平等要求低	免征机制在数字经济下受到挑战、服务和无形资产贸易增长、征收成本较高	世界海关组织（WCO）《快速通货指南》、美国

续表

模式类别	特征	优点	缺点	典型代表
买方征收模式	由买方自我评估，对买方依赖度较大；比较适合数字产品和服务；具有一定应急性，可能在某一段时间内适用；适用范围有限	有利于销售商、征税成本降低、尤其适合数字产品和服务	购买方的税法遵从度低、征管困难、不适用B2C	欧盟一些成员国在企业之间跨境有形商品或劳务交易的消费课税制度；我国之前对在境内没有代理人的境外企业所从事的跨境交易下的营业税
卖方征收模式	由卖家征收，对卖家依赖性高	确保销售商在最终消费者所在的国家缴纳增值税，从而使税收分配更公平；有助于单一数字市场策略的形成	税务成本增加、对税务机关的技术等要求较高	欧盟一站式征税制度
中介征收模式	征收对象是低价值进口商品；由供应商向消费者销售或者作出再投递安排时被征收；时间上较新	征管程序便利，税款征收难度低，有利于增加国家税收；中介征收模式下，税款逃避难度增大	征税的法理基础不清晰；可能违背消费者权益保护等其他方面法律规定；防止偷逃税作用有限	澳大利亚

　　基于电商本身固有属性已为电务税收征管的各种法律规制带来了前所未有的难题，对电商的法律监管又因其特点不同，也应区别于传统商务行为，尤其是在税收法律征管方面，必须以电商的特征为基础，制定开发与电子商务发展相协调的可发展的税收征管法律制度，以此配合经济社会发展需要和电子商务本身发展特征，才能实现电子商务在完善的税收监管制度下的有序发展。

　　由上所述，各个国家针对电商的态度虽然有所不同，但究其根本都是为了在贸易当中获得最大利益而产生的。我国经济持续高速发展，但不可否认我国作为发展中国家的经济发展水平与发达国家相比有一定的差距，因此，在对电商税收问题上考究较多。一方面，考虑到对电商进行征税可能会抑制这一产业的健康发展；另一方面，如果对电子商务施行免税政策可能会对传统贸易方式造成不利影响，破坏市场的平衡，国外市场会对国内市场造成冲击。

　　因此，结合我国实际情况和上述各国征管模式来看，我国电子商务仍要征税，但需合理把握政策边界（即按照是否涉及交易实质或从中盈利等标准），跨境电商更需要执行一定优惠政策。根据上述对于各国跨境电商征管模式之分析，对我国电商跨境零售涉税征管模式具有以下借鉴意义：

　　第一，欧盟主张对电子商务和传统业务用现存税收政策来规范电子商务模式，反对针对电子商务增设新的税种，也反对针对电子商务新开一些附加税。纳税义务人作为主体纳税义务人必须遵守，政府的经济决策不能受税收元素左右。由于电子商务的发达水平将直接影响国家未来的经济实力和综合实力的竞争，我国的电子商务税收法案必须服从于国家经济发展的总体目标和长远目标，从总体上增强我国的经济竞争力，而不能单纯考虑国家财政收入的增长，因而欧盟对于税收中性原则的考量一定程度上更值得我国借鉴。

第二，我国海关目前确实对于行邮物品采取差异化管理，但是相对较为粗线条化，只对价值限额之上的采取申报纳税制度。但是随着经济的发展、物价水平的提高，相关管理办法应及时更新替换一些监管货物和物品的限额，并且对于超出限额价值很高的行邮物品应采取累进的关税税率。在这方面我国可以考虑参考加拿大海关的管理办法，加拿大对进境邮件实施如下监管：邮件所运物品价值在 20 加元内免税，1600 加元以内的则只需在自己领取邮件时支付相关税费。而价值超过 1600 加元的则会被留置，待收件人携带相关材料到海关办理结关手续或找代理办妥清关手续。[1]我国海关可根据国民经济发展情况和邮件进境情况合理设置阶梯式的分段管理模式，科学制定价值临界点，对进境邮件实行分层式差异化征收管理。

第三，数字化产品跨境电子商务，其实质是服务贸易，应界定为现行增值税意义上的有形货物销售，国家立法机关和有关部门需出台相关公告明确数字化产品跨境电商的交易性质，并对出售方征收关税和海关代征税。欧盟已将数字化产品视为劳务，与有形货物一样征收增值税。如在德国国内，报纸以实物形式销售时征收 7% 的增值税，而以电子形式销售时则征收 16% 的增值税。同样，我们也可以考虑借鉴其他国家的做法，对境内外流通的数字化产品进行征税。对于实物性质的进出口货物和无形产品征收差别税率。我国还可借鉴 OECD 的做法，确立消费地课税的原则。对于 B2C 交易，则采用私人消费者惯常居所标准确认消费地。这些标准的确立不仅能够在更大程度上实现税收中性和税负的公平，而且可以避免双重征税以及减

---

〔1〕　参见加拿大海关官网：http://www.cra-arc.gc.ca/menu-e.html.

少服务提供方的避税可能。[1]

当然，如果纯粹考虑电商发展对社会主义市场经济的促进与保障作用，进一步强化"走出去"的国家战略布局，我国也可以考虑在坚持传统征收模式的基础上，提高电子化程度以应对跨境电商的发展，最好参照美国对电商免税。这是由于影响不同国家选择电商跨境零售涉税征管模式的主要因素有国家利益和个体利益。个体利益有自然人个体的利益，在跨境电商发展中主要体现为消费者利益，还有法人个体的利益，主要涉及销售企业和平台企业。通过分析不同国家征管模式与其企业发展情况可以发现，当前对于电商跨境零售涉税征管模式的选择主要受到平台企业发展的影响。一方面，对平台企业施加义务较多的国家或地区，往往是自身平台企业发展较差的地域，如澳大利亚。2017 年度全球 50 强电商排行中无一家澳大利亚企业。另一方面，对平台企业约束较为宽松的国家，其平台企业发展也较好，如美国。多个电商排行榜中，美国企业都占据重要地位。[2]此种情形也在一定程度上说明了好的政策对企业发展的促进作用。澳大利亚没有具有国际竞争力的平台企业，因此对平台企业施加了较高的责任与义务。澳大利亚的做法从短期来看，可以通过增加对平台企业的义务而提高其税收收入，但是从长远来看，澳大利亚将无法培育出自己的品牌平台企业。

我国在选择电商跨境零售涉税征管模式的时候有两个重要事实需要考虑：一方面，我国平台企业发展较好，应当继续提

[1] 张卫彬："数字化产品课税立法探讨"，载《税务研究》2010 年第 7 期。

[2] 参见"2017 年度全球 50 强电商排行榜"，载 http://www.sohu.com/a/125104408_ 460357，最后访问日期：2022 年 8 月 10 日；康杰炜："2017 全球十大电商公司：亚马逊不是老大，中国独揽四席"，载 http://www.cifnews.com/article/31373，最后访问日期：2022 年 8 月 10 日；"全球十大电商排名：第一无可争议！"，载 http://www.sohu.com/a/119712616_ 216705，最后访问日期：2022 年 8 月 10 日。

供宽松的政策环境促进其发展。在多个电商排行榜中，我国企业占据重要地位。另一方面，我国平台企业的竞争对手主要是美国的平台企业。在美国采纳较为宽松的政策的情形下，我国加重平台企业负担无疑不利于我国平台企业的发展。我国的平台企业是国际上唯一可以与美国的平台企业相抗衡的。在多个电商排行榜中，我国企业与美国企业不相上下。电商跨境零售涉税征管模式没有统一的国际法约束，主要取决于国内法规定，由各国自行选择。因此，我国电商跨境零售涉税征管模式应当从我国实际出发，不仅要促进平台企业的发展，而且还要促进我国平台企业在国际竞争中的有利地位。

（三）BEPS[1]行动计划七在我国的转化适用问题

常设机构定义的变动从宏观层面上会对税收管辖权在居住国和来源地的分配产生影响，并最终影响到国家的财政收入。而在微观层面，其对数字经济下跨国电子商务企业及平台的税收负担与投资选择、对国内数字经济的发展也会带来考验和影响。对于我国来说，如何积极地回应包括 BEPS 行动计划一、行动计划七在内的一系列项目成果，同时基于上述影响因素和我国的具体国情充分保护我国的国家利益，在国内法或者双边税收协定中体现我国立场，是应当重点考虑的问题。

首先，如前文所述，中国跨境电商行业呈现逆势发展的态势，在 2015 年《国务院关于大力发展电子商务加快培育经济新动力的意见》等重要政策文件出台后，更是迎来了爆发性的增长，成为我国对外投资的一大动力。在未来的交易规模和进出口总额上均有持续增长的趋势。当下与跨境电商的发展密切相

---

[1] BEPS 全称 Base Erosion and Profit Shifting，税基侵蚀和利润转移，是指跨国企业利用国际税收规则存在的不足，以及各国税制差异和征管漏洞，最大限度地减少其全球总体的税负，甚至达到双重不征税的效果，造成对各国税基的侵蚀。

关的就是海外仓的建立：其建立动因一是相比于传统出口模式下"出口商—外国进口商—外国批发商—外国零售商—消费者"的多环节模式，其可以减少中间环节、节约运输成本；二是有利于企业提供个性化服务，以实现企业海外本土化营销的需要，以增强企业竞争力，扩大市场份额。美国、欧盟、日本和印度是中国跨境电商的主要目的地，相关数据显示，"自建仓的卖家中有81%在美国有仓库，50%在德国有仓库，37%在英国有仓库。其中美国仓库的数量在自建仓卖家的所有仓库数量中占比达到45%。"[1]若按照BEPS行动计划七对"准备性或辅助性活动"内涵和外延的修改建议，则在海外仓进行的商品存储、交付等活动极有可能被认为不具有准备性和辅助性特征[2]，从而使得海外仓可以构成跨境电商在境外的常设机构，所有通过海外仓获得的收入都需要在来源国纳税，这将极大地加重跨境电商企业及行业发展的税收负担，使得我国借助跨境电商发展的对外投资的主要行业（特别是批发零售业）受到BEPS行动计划七的影响，例如，相对外国跨国公司在我国构成常设机构，我国跨国公司在境外构成常设机构的可能性会更大，既会对我国对外投资产生复杂的影响，也可能会在总体上导致我国企业所得税税基向国外流失。因此，我国应当特别地审慎考虑对特定活动豁免的修改建议。

其次，目前我国的对外投资额与发达国家相比差距仍然较

---

[1] "一份震惊跨境电商的海外仓报告"，载 http://www.cifnews.com/article/22482?origin=guoyuan，最后访问日期：2022年8月10日。

[2] 也应当关注到，《应对数字经济的税收挑战》和BEPS行动计划一、行动计划七中在对准备性、辅助性活动进行修改建议时，较少考虑到跨境零售企业先前环节的原料制造、研发设计、产品生产、人力成本投入等环节往往是在居民国产生的，模糊性和不确定性仍较大，本部分认为，在认定核心功能活动、"显著比例的资产和人员"的投入等要素时也需要考虑到这些环节。

大，需要进一步推动对外投资的发展；在"一带一路"倡议之下，我国政府大力鼓励企业走出去，开拓海外市场。为了扩大对外直接投资，增强企业在海外的国际竞争力，从税收角度来说，相关制度、政策的选择和安排应当着眼于尽可能地减轻走出去企业的税收负担。而在我国对外直接投资存量前二十位的国家中，美国、澳大利亚、卢森堡、德国、法国等国家的企业所得税税率均高于我国，而我国"一带一路"沿线国家的企业所得税税率一般都较低。[1]因此，如果我国根据 BEPS 行动计划七的建议，对大部分国家的税收协定中常设机构的概念进行修改，那么我国对外投资的企业在境外构成常设机构的可能性将大大增加。而按照我国现行的税收抵免制度，此时其在境外实际缴纳的税收高于按照我国企业所得税税率计算的抵免限额，将无法获得全额抵免，这也将大大加重企业的税收负担，对于我国的对外投资、开拓海外市场的战略安排也将构成一定的阻碍。而作为发展中国家，在制定税收政策时考虑到对经济发展的影响因素，从而选择最有利于经济发展的安排，应当作为我们不变的立场。

最后，从更宏观、广泛意义的层面进行考虑。张智勇教授提出了在设计跨境电商税收规则相关方案时应当遵循的路径和基本原则，其中的两大原则值得关注。[2]其一，国际税法规则应当促进而非阻碍经济全球化和数字经济的发展。数字经济环境下的税法规则应当进一步促进国际经济活动的发展，而非成为阻碍商业的壁垒。因此，数字经济下的税法规则也应当着眼

---

〔1〕 各国投资存量数据来源于《2016 年中国对外投资统计公报》；各国企业所得税税率参见"企业所得税税率——国家列表"，载 https://zh. tradingeconomics. com/country-list/corporate-tax-rate，最后访问日期：2022 年 8 月 10 日。

〔2〕 张智勇："数字经济与国际税法的变革：路径与方案的思考"，载《国际经济法学刊》2014 年第 3 期。

于如何促进跨国商品、劳务的交换和资本与人员的流动。实际上，这一原则与上述基于我国跨境电商行业的增长态势、对外投资的发展需求和作为发展中国家的具体国情等因素而需要考虑的立场是吻合的。其二，数字经济下的税法规则应当以改进现行制度和创设新制度相结合，而非对现行制度的彻底颠覆。其提出，即使完全数字化的交易，比如企业在线销售数字化产品，也存在着产品研发、生产、销售等环节，也需要人员和硬件设施的支持。因此，解决数字经济下的税法问题应当结合其特点，尽量通过现行税法规则加以解决。可以看到，完全数字化的交易在跨境电商行业中仅占较小部分，目前通过跨境电子商务迅速发展的更多是批发零售行业，而其中体现的原料制造、研发设计、产品生产、人力成本投入等环节也占据着核心功能，也同样被投入了较大比例的资产和人员，从这个意义出发，对于 BEPS 行动计划的修改建议，不论是基于其"软法"性质，还是基于其在结合跨境电商具体交易模式时统一、普遍适用的困难性，我国在具体的税收制度和政策选择中都应当较为谨慎地对待或借鉴。

（四）个人信息保护的配套协同

网络技术的飞速发展为人们带来了全新的生产和生活方式，但与此同时也对网络个人信息的保护提出了新的挑战。银行等金融机构以及电商平台等第三方机构，由于经营活动的需要而掌握了大量的涉税信息。一方面，电商平台等第三方机构掌握的这些涉税信息对于税务机关的税收征管有着重要意义；另一方面，这些涉税信息的披露又会严重威胁网络个人信息的安全。因此，为了保护网络个人信息的安全，必须在税收征管法律制度与网络个人信息保护的法律制度之间达到一个平衡，通过制度的协同实现对个人信息的保护。

首先，需要完善我国对个人信息保护的相关法律制度。我国《宪法》第38条规定："中华人民共和国公民的人格尊严不受侵犯……"虽未直接规定要保护个人信息，但个人信息的泄露势必会侵犯公民的人格尊严。《中华人民共和国消费者权益保护法》、2014年实施的《网络交易管理办法》、2015年的《中华人民共和国刑法修正案（九）》、2016年颁布的《中华人民共和国网络安全法》等法律法规均从不同的角度加强了对网络个人信息的保护。2017年实施的《中华人民共和国民法总则》更是首次明确规定，"自然人的个人信息受法律保护"，这是我国公民个人信息保护的重要里程碑。但总体来说，我国目前对个人信息的保护缺乏完善、具体、系统化的规定，相关规定仍散见于不同的法律法规之中。因此，制定一般性的个人信息保护法律，如个人信息保护法，对于网络个人信息的保护至关重要。

其次，必须规范税务机关获取电商平台等第三方掌握的涉税信息的行为。税收法定原则是税法最为重要的原则之一，贯彻于税收立法、税收执法的全过程。因此，税务机关进行税收征管的权限与程序都要由法律予以规定。税务机关要求电商平台披露相关的涉税信息，必须有法律依据，否则电商平台有权拒绝。而且，税务机关要求电商平台披露相关的涉税信息必须符合目的明确性原则和必要性原则，只能要求披露与税收征管有关的信息，并且只能用于税收征管的目的。

最后，税务机关要求电商平台披露相关的涉税信息要符合对个人信息保护的基本原则。如要保护个人对其自身信息处理的同意权、知情权，电商平台披露个人的涉税信息必须通知相关的个人。如美国要求支付结算机构向税务机关报送涉税信息时，需要在次年1月31日前，将上一年度需要报送的纳税数据书面通知纳税人，具体内容包括其姓名、地址、电话号码（电子邮件）以及年度应报交易总额，以保障纳税人的知情权。

在电子商务快速发展的今天，电商平台的涉税信息披露义务越来越多地被讨论，如何实现税收征管与个人信息保护的平衡至关重要。税收征管法律制度与个人信息保护法律制度之间的协同，对于平衡税收征管与个人信息保护之间的关系具有重要的意义。需要在完善相关法律制度的基础上，做好法律制度之间的衔接。

第三节　"商业目的"：非居民企业间接转让股权课税之关键

随着全球经济一体化趋势日益显著，一些跨国公司出于规模化需要，倾向于选择股权转让或公司重组等手段对资产进行重新配置，其中非居民企业间接转让股权的方式屡见不鲜，成为规制的一大难题。判断企业的真实目的，从而对非居民企业间接转让股权的商事行为做出合理的课税处置，是维护国家税收主权的重要路径。沃达丰税案因其对"商业目的"的认定影响深远，一直受到各国税务机关和国际投资者的关注。结合国内 2015 年国家税务总局"7 号公告"，可以作一些思考。

一、临身事内：重拾案件始末[1]

（一）案情梳理

2007 年 2 月 11 日，荷兰沃达丰公司（VIH）与中国香港和记电讯国际公司（HTIL）（以下简称"中国香港和记公司"）达成一项股权转让协议，由中国香港和记公司以 110.8 亿美元

---

［1］　See Vodafone International Holdings B. V. v. Union of India and Another, 733 of 2012.

将位于开曼群岛的全资子公司 CGP 全部股权转让给沃达丰公司。而由于 CGP 公司持有多个毛里求斯公司的股权，这些毛里求斯公司又共持有印度和记爱莎电信公司（HEL）（以下简称"印度和记公司"）67%的股权。该项交易最终使沃达丰公司间接取得了印度和记公司 67%的权益（交易结构如图 3-1）。

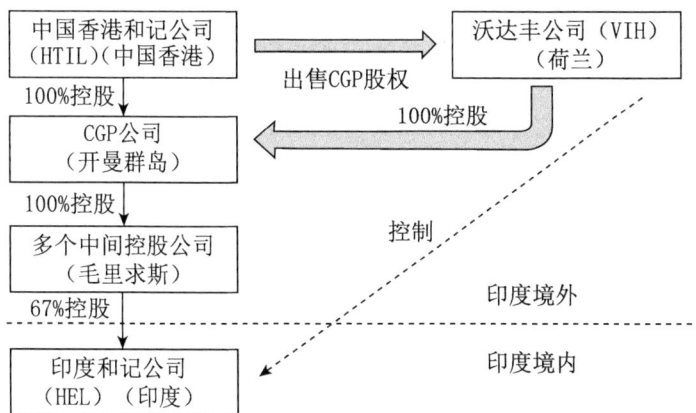

图 3-1　印度"沃达丰税案"交易结构图

此项交易发生后，印度税务机关在税务监管中发现根据《印度所得税法》第 9 条〔1〕、第 163 条〔2〕、第 195 条〔3〕的规定，沃达丰公司应当就其交易行为在印度缴纳总计 26 亿美元的税款，并向沃达丰公司发出"解释交易行为"的通知（show-

〔1〕《印度所得税法》（Income Tax Act 1961）第 9 条规定，以下所得被视为在印度应计或产生的所得：所有的直接或间接地通过印度的商业关系、物业、资产获得的所得或来源于印度的所得以及通过转让位于印度资本资产应计或产生的所得。

〔2〕《印度所得税法》（Income Tax Act 1961）第 163 条规定，如果支付人未能履行代扣代缴义务，税务机关可以向支付人追缴此笔税款（尽管支付人不是所得的所有人）。

〔3〕《印度所得税法》（Income Tax Act 1961）第 195 条规定，在该年度内，公司的控制和管理地完全在印度境内的公司属于非常规税收居民（not ordinarily resident）。

cause notice）[1]。

沃达丰公司在接到通知后，就印度税务机关税务管辖权的问题向孟买高等法院提起诉讼。2008年12月，孟买高等法院一审作出驳回诉讼请求的判决；沃达丰公司不服，向印度最高法院提起上诉，随后印度最高法院在驳回诉讼请求的基础上，将案件发回印度税务机关进行重新调查。2010年5月，印度税务机关最终认定自身具有税收管辖权，并认定沃达丰公司未履行代扣代缴的义务，要求沃达丰公司补缴26亿美元的税款。沃达丰公司就其课税行为向孟买高等法院起诉，孟买高等法院一审维持了印度税务机关的课税决定，沃达丰公司不服，向印度最高法院上诉。本案的核心就在于印度最高法院就本案对沃达丰公司的"商业目的"作出的认定，这场二审诉讼，也是笔者论述的出发点之所在。

（二）争议焦点——商业目的是否合理

在二审中，印度税务机关认为：中国香港和记公司转让CGP公司股权实际上是转让印度和记公司的股权。在整个交易中，CGP公司只是一个导管公司，没有任何实质经营业务。其介入交易是为了帮助该交易逃避应在印度缴纳的资本利得税。因此，应当根据《印度所得税法》第9条的规定，刺破中间公司的"面纱"，认为该股权交易的真实目的是沃达丰公司通过转让CGP公司的手段来转让印度境内的资产，其商业目的是逃避缴纳税款。如此一来，股权转让所得就属于来源于印度境内的所得，印度税务机关对此股权转让根据来源地管辖权的规定，应具有课税权。

印度最高法院则认为：对交易性质的认定，首先应该尊重

---

[1] See Vodafone International Holdings B. V. v. Union of India and Another, 733 of 2012.

其外在法律形式。只有有充分证据表明交易具有不合理商业目的的特征，才能适用"穿透"原则。换言之，税务机关适用"穿透"原则时不应该单独地看交易是不是避税安排，或中间控股公司是否属于为避税而设立的特殊目的公司，而应该基于全局从整体上看待交易过程。[1]须注意，以避税为主要目的的交易行为，与寻找合理手段进入印度境内投资，此二者之间存在本质区别。税务机关应该从整体上看待交易安排的实质和主要目的，而不能仅因为中间控股公司没有任何经营业务就否定其存在意义。应当考察的范围包括：CGP 公司存在的持续时间、印度和记公司经营的时间及其经营状况、非居民控股方的收入等内容。另外，中国香港和记公司的转出行为，也可以侧面看作对印度境内投资的撤资方式，这种转让方与出让方之间的双向目的都有其存在的合理性。

（三）小结与思考

显然，印度税务机关与印度最高法院就沃达丰公司收购 CGP 公司的"商业目的是否合理"的看法不一致，对该争议的处理也是认定沃达丰公司是否应当承担代扣代缴义务的关键。"商业目的"是否合理决定了整个案件的判决结果；以沃达丰公司交易行为、结果、商业属性等因素进行考量，印度最高法院对案件改判[2]，判决沃达丰公司不必承担纳税义务。

沃达丰税案对"商业目的"的考察提升了世界主要国家和地区在税务征纳过程中对"商业目的"的认识，各国和地区也因此围绕"商业目的"推出了基于国情的政策文件来规范非居

---

〔1〕　See Vodafone International Holdings B. V . v. Union of India and Another, 733 of 2012.

〔2〕　See Vodafone International Holdings B. V. v. Union of India and Another, 733 of 2012.

民企业间接转让股权的行为。前文对沃达丰公司一案所进行的铺陈期望达至两个目标：其一，呈现"商业目的"的多元化；其二，厘清一个基本问题，并非"商业目的"存在疑问的交易就一定会被视作"商业目的"不合理。

二、置身事外：理性看待"商业目的"

（一）商事行为的必然：定性商业目的

对非居民企业商业目的的考量，是对非居民企业从事交易时思想状态的判断，也是判定相关企业可否作为扣缴义务人的一个重要标准。[1]但凡产生商事行为，其背后一定存在特定的商业目的，而这类商业目的在世界范围内被区分为"合理"与"不合理"两种定性。

在税法领域，"合理的商业目的"一般要求非居民企业在税收目的之外存在有效的商业或经济目的，这类商业或经济目的须为"非税目的"[2]，并且"非税目的"在经济利益的体现上必须大于"税收目的"。当然，此处的"非税目的"必须是在合法的框架内进行探讨，排除洗钱等犯罪行为，单从课税与否的层面进行思量，否则外延界定过于广泛，无益于"合理商业目的"的认定。至于"不合理的商业目的"，从既存事实来看，只有一个指标——避税。

（二）静态认识：判断商业目的的主体

如前文述，商业目的的判定是对思想状态的判定。这是一种主观层面的逻辑分析，对待这种逻辑分析，税务机关在判定

---

〔1〕 汤洁茵："《企业所得税法》一般反避税条款适用要件的审思与确立——基于国外的经验与借鉴"，载《现代法学》2012年第5期。

〔2〕 汤洁茵："原则还是例外：经济实质主义作为金融交易一般课税原则的反思"，载《法学家》2013年第3期。

时并不能用税务机关的主观意识去推敲，应该基于客观事实进行分析；从交易行为、交易结构甚至是交易细节推导出可能的商业目的是否合理。

在非居民企业间接转让股权的交易结构中，必然涉及一些特殊目的载体（Special Purpose Vehicle，SPV）的设立，这些SPV有可能以子公司的形式出现。此时，我们可以借助欧洲法院（European Court of Justice）在"Cadbury Schweppes 案"[1]中的三个标准来判定：其一，子公司真实成立，并且有实体和能力来完成那些减轻税负的服务；其二，子公司提供的服务必须有真实的本质，不能仅仅是一个工具，其职工必须有能力提供服务，而且实际作出这些决定；其三，子公司的服务从母公司的角度看必须有一定经济价值，否则母公司对子公司的支付就会涉及虚假可能性。

由于商事行为一般涉及两方甚至多方，而每方都应当有其加入商事行为的主观目的，特别是在非居民企业间接转让股权的交易结构中，收购方和出让方甚至是被转让标的方都会基于其自身利益而引发主观目的的思维起因。这就需要我们具体进行分析，而不能单纯就收购方之收购行为，片面进行追究，否则，不仅会损害纳税人、扣缴义务人的合法权益，也会破损课税机关甚至是国家的形象，进而导致投资市场的信任危机。

（三）动态认识：商事结果的认定

考量企业在实施某项商业安排后是否获取了税收利益，对商业目的合理性的认识凸显出客观态度。无论非居民企业之间如何构造其交易结构，都不碍于税收结果客观地发生和存在。即使商业安排尚未实际进行，税务机关也可以明确分析出该安

---

〔1〕 张颖："从拉姆齐原则看'合理商业目的'——对新企业所得税法相关反避税条款的探讨"，载《首席财务官》2007年第9期。

排是否导致纳税人减少、免除或推迟缴纳税款。需要注意的是，在进行具有合理商业目的的安排时，纳税人有可能同时也获取了税收利益之外的其他利益，而这些利益又会吸引其他的非居民企业进行类似的商事行为，长此以往，势必对国家税收主权造成侵害。

（四）区分"商业目的"与"享受税收协定优惠"的关系

企业的商事安排会基于商业目的而不断调整，而从传统意义上看，企业存在的目的是盈利，因此企业必然会趋向于选择盈利最大化的决策，而不是削减盈利的决策。应当看到"享受税收协定优惠"即是盈利最大化决策的体现之一，特别是在非居民企业跨境交易时，相关税收协定国和地区之间对于税率安排、税收优惠的力度设置不尽相同，导致这些非居民企业在构建交易结构的时候自发地会出于"享受税收协定优惠"的目的。作为共性，"享受税收协定优惠"应当同税法考究的"商业目的"区分开来，从而避免将一些合理享受税收协定优惠的企业错判。

三、国内视角：基于国家税务总局 2015 年 "7 号公告" 的检视

（一）国家税务总局 2015 年 "7 号公告"

近些年来，随着我国国际化水平进一步提升，国内涉及非居民企业间接转让股权的案例也逐步增多，包括重庆渝中案〔1〕、扬州江都案〔2〕、广东汕头案〔3〕等，其间也都存在对商业目的

---

〔1〕 "重庆渝中区国税局采取措施加强非居民税收管理"，载 http://blog. si-na. com. cn/s/blog_ 5dbffcb10100iv37. html，最后访问日期：2022 年 8 月 10 日。

〔2〕 徐云翔、赵军、宋雁："最大单笔间接转让股权非居民税款入库"，载《中国税务报》2010 年 6 月 9 日，第 1 版。

〔3〕 黄永、林燕娥、郑冬燕："依托信息 境外间接转让股权非居民所得税入库"，载《中国税务报》2011 年 5 月 11 日，第 9 版。

认定的环节。值得注意的是，我国的系列案件与印度沃达丰税案在交易结构等方面均存在诸多相似，而判决结果却截然相反。根据《中华人民共和国企业所得税法》第 47 条〔1〕和《中华人民共和国企业所得税法实施条例》第 120 条〔2〕的规定，可以看出我国在认定非居民企业间接转让股权时应否课税的标准正是"合理商业目的"的判断。因此在探讨"商业目的"时，将视角从国际转换至国内，无疑是对国内制度规范的又一检视，可以加强我们对制度的理解认识。

有关非居民企业间接转让股权的问题，国家税务总局于 2015 年 2 月发布了《关于非居民企业间接转让财产企业所得税若干问题的公告》（国家税务总局公告 2015 年第 7 号，以下简称"7 号公告"）。这是自国家税务总局 2009 年发布《关于加强非居民企业股权转让所得企业所得税管理的通知》（国税函〔2009〕698 号），以及 2011 年发布《关于非居民企业所得税管理若干问题的公告》（国家税务总局公告 2011 年第 24 号）后，再次就境外非居民企业间接转让股权行为的征税问题发布规范性文件。同过去规范不同的是，2015 年"7 号公告"是对非居民企业间接转让股权所得税规制的一个全面提升，在条款适用方面取得了一定的突破。

（二）2015 年"7 号公告"对商业目的的判断

从条文层面看，与之前的各类规范相比，2015 年"7 号公告"将对商业目的合理性的判断规定得十分全面，形式上将商

---

〔1〕《中华人民共和国企业所得税法》第 47 条规定："企业实施其他不具有合理商业目的的安排而减少其应纳税收入或者所得额的，税务机关有权按照合理方法调整。"

〔2〕《中华人民共和国企业所得税法实施条例》第 120 条规定："企业所得税法第四十七条所称不具有合理商业目的，是指以减少、免除或者推迟缴纳税款为主要目的。"

业目的的判断区分为标准型判断和清单型判断〔1〕。标准型判断
主要规定在第 3 条〔2〕中，从非居民企业间接转让股权的资产性
质、经济实质、经营时间、盈亏状况等角度出发来综合考量其
可能的商业目的。该条文本质是对税收征管实务中处理非居民
企业间接转让股权问题进行指导，规范原本各地不同的处理方
式造成的差异化处理现象。

　　清单型判断主要规定在第 4 条〔3〕、第 6 条〔4〕中，相比于

---

　　〔1〕　即罗列出具体的情形来认定商业目的的合理性。

　　〔2〕　2015 年"7 号公告"第 3 条规定："判断合理商业目的，应整体考虑与间
接转让中国应税财产交易相关的所有安排，结合实际情况综合分析以下相关因素：
（一）境外企业股权主要价值是否直接或间接来自于中国应税财产；（二）境外企业
资产是否主要由直接或间接在中国境内的投资构成，或其取得的收入是否主要直接
或间接来源于中国境内；（三）境外企业及直接或间接持有中国应税财产的下属企
业实际履行的功能和承担的风险是否能够证实企业架构具有经济实质；（四）境外
企业股东、业务模式及相关组织架构的存续时间；（五）间接转让中国应税财产交
易在境外应缴纳所得税情况；（六）股权转让方间接投资、间接转让中国应税财产
交易与直接投资、直接转让中国应税财产交易的可替代性；（七）间接转让中国应
税财产所得在中国可适用的税收协定或安排情况；（八）其他相关因素。"

　　〔3〕　2015 年"7 号公告"第 4 条规定："除本公告第五条和第六条规定情形
外，与间接转让中国应税财产相关的整体安排同时符合以下情形的，无需按本公告
第三条进行分析和判断，应直接认定为不具有合理商业目的：（一）境外企业股权
75% 以上价值直接或间接来自于中国应税财产；（二）间接转让中国应税财产交易发
生前一年内任一时点，境外企业资产总额（不含现金）的 90% 以上直接或间接由在
中国境内的投资构成，或间接转让中国应税财产交易发生前一年内，境外企业取得
收入的 90% 以上直接或间接来源于中国境内；（三）境外企业及直接或间接持有中
国应税财产的下属企业虽在所在国家（地区）登记注册，以满足法律所要求的组织
形式，但实际履行的功能及承担的风险有限，不足以证实其具有经济实质；（四）间
接转让中国应税财产交易在境外应缴纳所得税税负低于直接转让中国应税财产在
中国的可能税负。"

　　〔4〕　2015 年"7 号公告"第 6 条规定："间接转让中国应税财产同时符合以下
条件的，应认定为具有合理商业目的：（一）交易双方的股权关系具有下列情形之
一：1. 股权转让方直接或间接拥有股权受让方 80% 以上的股权；2. 股权受让方直接
或间接拥有股权转让方 80% 以上的股权；3. 股权转让方和股权受让方被同一方直接
或间接拥有 80% 以上的股权……（二）本次间接转让交易后可能再次发生的间接转

第 3 条的考量方式，第 4 条和第 6 条主要是列出了几类重要的交易特征，以此来引导非居民企业在间接转让股权时进行自身的交易安排。此外，从正反两方面对某些交易是否具有合理商业目的的明确规定，为交易利益相关方和税务机关对交易实质的判断提供了更为详细的指导，具有一定的实际操作性，也可提高法律适用的确定性和预见性，节约行政执法成本。

（三）2015 年"7 号公告"适用的局限性

2015 年"7 号公告"对此前原则性、抽象性的规定进行了大胆突破，从四个不同方式的规范，来确立合理商业目的的具体认定依据和标准，但是它将商业目的合理性与"涉及中国境内"相挂钩，显然是税务机关全面"扩权"课税的表现，并没有重视保障非居民企业的合法权益。换言之，2015 年"7 号公告"是对国内外税务机关败诉案例的经验总结，主要目的在于加强对税款的征纳管理，并没有将协调国家与非居民企业税收关系放在首位，尚不能作为普遍适用性规范。

由于各类非居民间接跨境交易存在的复杂性，各类不同交易的不合理商业目的的表现形式和特征可能各不相同，而真实的商业目的又因其固有的主观性，难以定论。即便 2015 年"7 号公告"已经就标准型判断和清单型判断作出了规定，取而代之的却是对税务机关"滥权"的担忧。虽然条文规定"商业目的"的一般认定标准存在争议，但通过梳理进而得出各类不同交易是否具有"合理商业目的"的特征和分析依据，这本身是值得肯定的。

（接上页）让交易相比在未发生本次间接转让交易情况下的相同或类似间接转让交易，其中国所得税负担不会减少。（三）股权受让方全部以本企业或与其具有控股关系的企业的股权（不含上市企业股权）支付股权交易对价。"

四、逻辑思理：三种规制原则的思考

判别商业目的合理性必然不是一个孤立的认定过程，前文中，我们就国外案例、国内制度、目的本身考察等视野进行了一些探讨，总归是将"商业目的"独立出来进行分析。法律上的判断小结不是以逻辑演绎的方式产生的，而是在对话中通过论证形成的。虽然逻辑是所有思考都不能违背的法则，但要比较清楚地澄清法学思维的基本性质，还需要在逻辑法则外研究论证的各种形式结构和运用规则。[1]就非居民企业间接转让股权的商业目的而言，笔者认为存在三种规制原则的思理："实质重于形式"原则[2]、"刺破公司面纱"原则和"受益所有人"原则。

（一）商业目的与"实质重于形式"原则

所谓"实质重于形式"原则，是指在一般反避税条款中确立的课税机制，应当以认定商事行为之商业目的是否满足实质上未发生税收减少的效果为依据。也即"经济实质标准"[3]。

从逻辑角度看，经济实质标准与商业目的标准具有一定的相关性。商业目的的判断在很大程度上依赖于对纳税人的思想状态与交易意图的判定，然而，"思想状态"显然是无法直接"阅读"的，在很大程度上依赖于客观的、外在的行为，此即判断一项交易的"实质"。两者分别从主观与客观方面对交易是否

---

[1] 刘治斌：《法律方法论》，山东人民出版社2007年版，第337页。

[2] 2009年发布的《特别纳税调整实施办法（试行）》第93条规定："税务机关应按照实质重于形式的原则审核企业是否存在避税安排，并综合考虑安排的以下内容：（一）安排的形式和实质；（二）安排订立的时间和执行期间；（三）安排实现的方式；（四）安排各个步骤或组成部分之间的联系；（五）安排涉及各方财务状况的变化；（六）安排的税收结果。"

[3] 一作"经济观察法"。

构成避税安排予以判断。[1]

从"实质重于形式"原则来认定商业目的时，非居民企业在完成间接的股权交易以后，重在从结果上考量其交易行为是否出现了不合理的避税行为；若存在相关的结果，则无论其交易形式是否合法都认定其存在不合理的商业目的。

（二）商业目的与"刺破公司面纱"原则

所谓"刺破公司面纱"原则，又被称为"公司人格否认"制度。在非居民企业间接交易股权的结构中，存在一种利用公司独立人格进行避税的交易安排：交易一方主体会通过指示其控股公司与另一方主体完成股权交易（交易结构见图3-2），以达到间接控制居民企业股权的目的。在这样的结构中，为了探寻交易背后的主要权利归属，各国一般会采取否认这些中间控股公司的公司人格的处理方式，将其定义为"导管公司"。

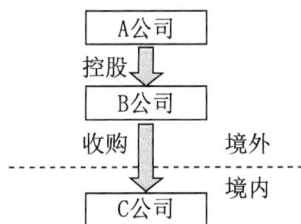

图3-2 股权交易结构模型[2]

从逻辑角度看，"刺破公司面纱"原则是在为探求真实商业

---

〔1〕 汤洁茵：《企业所得税法》一般反避税条款适用要件的审思与确立———基于国外的经验与借鉴"，载《现代法学》2012年第5期。

〔2〕 模型设立形式：A公司、B公司为境外公司，A公司是B公司的控股股东；C公司是境内公司。B公司所在国与C公司所在国之间存在双边税收协定，有税收优惠条款。A公司通过指示B公司对境内C公司进行收购。在这种模型下，就需要判别B公司是否为导管公司，而酌情适用"公司人格否认制度"。

目的理清思路。此处，我们可以将商业目的作二重考虑：一是利用中间控股公司的地缘优势骗取税收协定国间的税收优惠；二是隐瞒交易实质，混淆股东与公司的人格。前者的目的在于逃税，而后者的目的多为规避公司风险。在税法的框架下，我们只作前者的探讨，后者则需要借助民商事法律关系，甚至是刑事法律关系进行界定。

（三）商业目的与"受益所有人"原则

所谓"受益所有人"原则，是针对税收协定中税收优惠条款特别提出的。它关系到位于缔约国一方居民从缔约国另一方取得股息、利息、特许权使用费时，能否享受税收协定中相关条款的优惠待遇，成为适用税收协定的适格主体的问题。这种认定我们可以参考加拿大"Prévost Car Inc. v. Canada 案"[1]中所适用的标准。"受益所有人"探求的是经济权益最终归属的问题，与"实质重于形式"原则相类似，但是其外延覆盖更广。

"实质重于形式"原则探究商业目的的落脚点在于最终税收有无减少，而"受益所有人"原则却关注不应获得税收优惠的主体是否通过相关商事安排取得了该税收优惠。前者是从反面进行追究，后者则是从正面进行审视。

五、小结

在认定非居民企业间接转让股权的商业目的时，针对相关法律规范的适用应当采取因案制宜的可行方式。究其根本，我们当从整体上来推导相关交易方可能目的及其造成的既存结果，综合得出是否课税的理性小结。上文所列几种规制原则，是一般反避税条款中形式法治与实质正义之间博弈的结果，均可以

---

〔1〕 See Prévost Car Inc. v. Canada, 2009 DTC 5721, 2009 FCA 57.

在认定商业目的时加以运用。

诚然，对商业目的的认定既要明确节点，又要综合运用。毋庸置疑的是，必须以纳税人权利保护为中心[1]，否则则是为"征税"而征税，并不能有效维护国家整体的经济利益。[2]沃达丰税案在认定商业目的时的处理便可作为一席范本，相比之下，国家税务总局 2015 年"7 号公告"在认定商业目的上的规定有其运作效果，实务中却还有待检验思索。

---

[1]　纳税人权利是税法的根本命题。参见刘剑文、熊伟：《税法基础理论》，北京大学出版社 2004 年版，第 1 页。

[2]　如认定的标准还可加入对相关国家的经济贡献等。

第四章

制度创新：司法环节的财税法建构

第一节　税务司法专门化的时代背景

税务司法在我国税制建设中的重要地位并未得到各界重视，司法层面的"不力"直接导致纳税人的合法权益缺乏有效保障。税务司法机构作为现代税收国家普遍选取的制度安排，对规范和调整税收立法权、税收执法权具有重要意义。比较视域下，世界主要国家的税务司法模式为反思税收法治建设提供了有益借鉴。结合我国实际情况，适时推开跨行政区域税务法院的设计，是顺应税制发展趋势的法治体现。

一、背景

随着国家经济发展水平的逐渐提高，各类纳税主体的纳税意识逐步觉醒，有关纳税争议的案件也呈现逐年递增的趋势，这在客观上对国家的税收体制提出了更高要求——从对国家立法层面上规定的"纳税前置"[1]的思考，到国家财政收支程序的每个流程，再到各具体的税务争议案件的处理，但凡和纳税人权利保护息息相关的细节都需要我们作出更多体制性完善。

细节的完善依赖于制度整体的良性设计。由于实质上是法治国家，本质上必须同时为租税国家[2]，税收体制的运行状况是法治的直观反映。基于对我国税收制度的整体性梳理，笔者

---

〔1〕《税收征收管理法》第 88 条第 1 款规定："纳税人、扣缴义务人、纳税担保人同税务机关在纳税上发生争议时，必须先依照税务机关的纳税决定缴纳或者解缴税款及滞纳金或者提供相应的担保，然后可以依法申请行政复议；对行政复议决定不服的，可以依法向人民法院起诉。"

〔2〕 Friauf, Unser Steuerstaat als Rechtsstaat, in StbJb 1977/78, S. 39ff.

关注到目前我国税收制度中立法、执法、司法的权力配置体系并不平衡，其中最明显的就是税收司法体系相对薄弱。通过观察世界各国的税收体制，笔者发现，较为成熟的税制国家一般都具有较为完善的税收司法体系。大体上可以将其划分为三种类型：专业税务法官制度[1]、专门税务法庭制度[2]、独立税务法院制度[3]。从完善税收司法体系的角度出发，笔者以为我国可以在归纳域外制度智识点的思维基础上，走一条适合我国国情的中国路径。

二、顶层设计与时代背景的契合——设立跨行政区域税务法院

中共中央政治局于 2014 年 6 月 30 日审议通过了《深化财税体制改革总体方案》等方案，要求深化税收制度改革，并指出要建立有利于科学发展、社会公平、市场统一的税收制度体系。公平正义是司法的价值，通过对政策意识的解读，笔者以为这里提出的税收制度体系中不仅包含税收司法体系，还要求我们对之进行完善。

党的十八届四中全会提出，要优化司法职权配置，推动实行审判权和执行权相分离的体制改革试点；同时，要探索设立跨行政区域的人民法院。而有关如何设立跨行政区域法院、跨行政区域法院的管辖范围有哪些内容等问题，却一直没有定论。

---

〔1〕 即在审判庭中保留专业的税务法官来处理涉税案件，这类国家主要包括法国、瑞典、澳大利亚等。

〔2〕 即在普通法院中设立专门的税务法庭来处理涉税案件，目前日本的税务法庭制度最具代表性。

〔3〕 即在法院体系中设立专门的税务法院来处理涉税案件，这类国家主要包括德国、美国和加拿大等。

更须注意的是，第十二届全国人大第三次会议表决通过了修改《立法法》的决定，正式确定了税收法定的原则。税收体制进一步成为全国关注的焦点。在国家完善税收司法体制的顶层呼吁与全面推进依法治国建设的时代背景的碰撞中，我们恰好可以通过这样一个历史机遇，提出健全我国税收体制的新目标——推动我国跨行政区域税务法院的设立。

（一）跨行政区域税务法院是司法改革的优选之路

前面谈到，党的十八届四中全会并未针对如何设立跨行政区域法院、跨行政区域法院的管辖范围有哪些内容等问题进行解释。笔者以为，破解跨行政区域法院设立的难题，关键是要转变观念和思维模式，跨行政区域法院应当以审理若干特殊性案件或者专业性案件为重点，而由于税收案件的特殊性，我们可以考虑将强化税务案件（或财税案件）审判作为突破口。

长期以来，按照《中华人民共和国人民法院组织法》的规定，我国地方各级法院均按行政区划设置。随着我国经济社会发展，地方法院受理的诉讼案件日益增多，特别是随着各类纳税主体意识的觉醒，税务诉讼案件也在逐渐增多。由于目前税务诉讼是行政诉讼的一部分，归由行政审判庭进行审理，这就可能出现地方法院为了保障地方税收，从而作出不利于纳税人的判决。跨行政区域税务法院的设立对克服地方护税主义、平等保护国家与纳税人合法权益、树立法律权威等具有重要意义；有利于构建普通案件在行政区划法院审理、税务案件在跨行政区域税务法院审理的诉讼格局，促进法院总结审判经验、探索司法规律、提高审判队伍专业素质、确保法律适用标准的统一、增强司法公信力。

（二）跨行政区域税务法院是税收法定的机制表征

从税法的动态过程来看，税收法定对税收司法有明确的约束力。[1]跨行政区域税务法院的建立，本质上是借助国家倡导推行跨行政区域法院的契机以提升税务司法的专门化，归根结底，还是提升税务司法的过程中就税收的发生、变更、消灭等实体事项，以及纳税期限、纳税地点等程序事项的专业化认定标准，以期更好地落实税收实体法和税收征收管理法的实施。就这个意义上来说，跨行政区域税务法院的设立是将原本专业性不够高、自由裁量权分配不合理的税务司法程序单独归列为一个体系，进行专门建设，实质是在司法实务运行机制中体现出税收法定的税制原则。

（三）跨行政区域税务法院是平衡国家权力配置的有力举措

根据制约和平衡的权力配置原则[2]，立法权、执法权、司法权三者必须协调运行，而且仅有这三种权力处于和谐状态时，我们才能发现真正的主权。[3]如前文所述，我国目前的税收体系中，权力配置明显是失衡的。这点主要反映在承担国家税制任务的职能机构在权力运载上的失衡，在税收行政权的配置中，长时间以来，我国税务机关的课税权力都处于膨胀状态，特别反映在一些地方政府多有突破现行的财税体制，寻求新的财政收入等一些行为之中[4]，虽然国家十分重视解决地方税收秩序紊乱的难题，但从实际效果来看，并没有对扩张的税收行政权进行有效规制。

在税收司法权的配置中，由于目前税收司法审判权并没有

---

[1] 刘剑文、熊伟：《税法基础理论》，北京大学出版社 2004 年版，第 125 页。

[2] ［法］孟德斯鸠：《论法的精神》（上册），张雁深译，商务印书馆 1997 年版，第 156 页。

[3] ［法］孟德斯鸠：《论法的精神》（上册），张雁深译，商务印书馆 1997 年版，第 164 页。

[4] 刘剑文、熊伟：《税法基础理论》，北京大学出版社 2004 年版，第 49 页。

独立，税收案件被作为一类行政案件交由普通法院中的行政审判庭来管辖。较之我国的税收立法权和税收行政权基于独立的职能分布，各自所形成的独立运行体系，税收司法因特殊性[1]而附属于行政司法权。从权力配置上看，明显处于弱势状态。设立跨行政区域的税务法院是用最直接的方式充实税收司法的内涵，以平衡税收立法权、执法权、司法权失衡的状态。

（四）跨行政区域税务法院是符合税务司法规律性的积极探索

目前，我国税收法律制度尚不完善，税收立法层级低、行政干预大的情况仍然存在，这造成涉税行政案件起诉率低、撤诉率高，法院对税务机关形成依赖，地方保护主义严重。基于此，一些学者认为，即使建立税务法院仍不能解决目前税务司法的现实问题，甚至有浪费司法资源、加重财政负担的嫌疑。[2]的确，以传统的行政区域为基础建立的税务法院很难解决目前税务司法的现实问题，但跨行政区域的税务法院是针对这些问题而做出的积极探索。

第二节 税务司法专门化建设的域外视野

这是一个开放的时代，也是一个共享的时代。税务司法专门化之特殊并不仅局限于法律部门划分的领域，在空间范畴内，还具备地域的特殊。这里的地域并不是指社会意识形态的差异，而是不同地域法律传统、法律思维、法制构造的差异。税务司法专门化在我国发展的研究进路，可以从不同地域的制度特征中得到有益借鉴。

---

[1] 这里的特殊性主要是指税收争议的复议前置程序。

[2] 陈丽生：“设立税务法院的谨慎思考”，载 http://fjfy.chinacourt.org/article/detail/2011/04/id/1186541.shtml，最后访问日期：2022 年 8 月 10 日。

一、法律全球化视野下的制度检视

与全球化过程一样，法律的全球化[1]不可避免地具有"脱域"的种种特点与表现形式。[2]学界现在似乎已经习惯在论证某种法律理念或制度时，预先了解三个问题：其一，是否存在现行的理念或制度用以参照；其二，假使存在这种制度或理念，我们是否可以在国内适用或推广；其三，如果这种制度有适用的可能性，我们又该如何操作。这三个问题的探讨并不能视作学界的"偷懒行为"，而是学界研究符合法律全球化的一种趋势。

为了让税务司法专门化的研究得以充分地探讨，笔者意欲在本部分回答第一个问题，探究税务司法专门化在全球视野下的体制表征，以域外制度为智识基础，从而论证税务司法专门化在全球视角是广泛存在的。整体来看，包括税务司法人员专门化、税务司法机构专门化和税务司法体系专门化。

（一）非讼程序完善下的人员专门化——法国

税务司法人员专门化的域外制度中，以法国最为突出。在法国，税收争端的解决机制特别是非讼解决机制十分完善。除通

---

〔1〕 在全球化时代，法律作为社会关系的一种规则表现，也受到此种"普遍相互联系"的深刻影响。在这一过程中，法律的形态、语义和逻辑都发生深刻的改变，我们将这一复杂的现象称为法律全球化。参见［美］W. 海德布兰德："从法律的全球化到全球化下的法律"，刘辉译，载［意］D. 奈尔肯、［英］J. 菲斯特编：《法律移植与法律文化》，高鸿钧等译，清华大学出版社 2006 年版，第 157 页。

〔2〕 有的学者从时间、空间以及社会关系等角度论述了法律全球化的特点：随着全球化时代的来临，法律在全球层面开始形成统一的时间刻度，除却少数的文化"孤岛"，世界上绝大多数地域和国家的法律都被裹挟进入现代性的历史过程，服务于现代性在全球层面的展开，进入了相同的历史通道，这一趋势使全球法律开始具有内在的趋近性甚至趋同性。更具体的论述可以参见鲁楠："全球化时代比较法的优势与缺陷"，载《中国法学》2014 年第 1 期。

过由上级税收行政机构的复议方式解决之外，法国税法还规定了
两种具有特色的非诉讼解决机制[1]：一是税务机关对纳税人的
义务予以减免[2]，二是由咨询机构通过仲裁来解决。[3]此外，
法国在诉讼前置阶段还设置了纳税人"先行声明"的机制。[4]
一系列完善的税务纠纷诉前解决机制也使法国最终通过行政法院
或普通法院解决的税务案件仅占总体数量的1%。[5]

　　税务纠纷诉前解决机制的完备决定了法国的税务司法体系
所面临的审判压力很小。另外，部分税务纠纷诉前解决机制的
"终局化"[6]使司法资源提前参与到税务纠纷解决程序中。[7]
前者无需法国税务司法大范围专门化，后者又需法国税务司法

---

[1]　参见李滨："法国税收法律争端的解决机制"，载《涉外税务》2006年第4期。

[2]　法国议会于1977年12月29日通过了第77-1453号法律，专门设立了有关税收、关税和外汇兑换的争议解决委员会。该委员会由评政院（Conseil d'Etat）、审计院和终审法院的人员组成，其职责是针对纳税人提出的减免请求问题向税务机关提供咨询意见，但该咨询意见对税务机关的决定并不具有法律约束力。此外，纳税人与税务机关之间还可以和解方式达成终局性的"税收协议"。参见李滨："法国税收法律争端的解决机制"，载《涉外税务》2006年第4期。

[3]　税务咨询机构的功能在于预防税务机关与纳税人之间可能出现的争议或者是对该争议事项提供仲裁。参见李滨："法国税收法律争端的解决机制"，载《涉外税务》2006年第4期。

[4]　纳税人向税务机关提出将寻求司法救济的"先行声明"，促进了行政机关抓紧借助行政手段来解决税收争议。参见 G. Noel, La réclamation p réalable, LGDJ, 1985. 需要注意的是，这一点与我国的复议前置不同，由于法国具备完善的司法体系，司法权因其独立性不会对行政权产生庇护，这就促进了税务机关公正解决税务案件。

[5]　参见 G. Noel, La réclamation p réalable, LGDJ, 1985.

[6]　终局化，例如，纳税人与税务机关之间"税收协议"所产生的终局性法律效力。

[7]　例如，"地方税收协商委员会"由地方税务机构的主任官员，隶属于经济、财政与工业部的税务总局派出的三名官员、三名纳税人代表、一名公证人以及普通法院的一名法官共同组成。

体现专业化。因此，税务司法人员的专门化便被重视起来，反映在制度上，即无论普通法院，还是行政法院都有专业型税务法官。

（二）居中裁决的机构专门化——日本

其实，有关税务司法机构的专门化应当包括税务法庭和税务法院两种，但是笔者以为，税务法院在司法制度中的定位较法庭更高，更像是一种税务司法审判的体系，故将税务法庭视为税务司法机构专门化的指标，而在税务司法体系专门化部分论述税务法院制度。

在税务司法机构专门化的域外制度中，具有代表性的当是日本的国家税务法庭。在日本，国家税务纠纷[1]的司法解决程序是"两诉"模式，一诉是纳税人必须先就税务机关作出的有关纳税数额的决定向国家税务法庭[2]起诉，二诉是向普通法院起诉。尽管国家税务法庭是国税厅（NTA）的一个职能部门，但是它拥有独立对争议作出裁决的权力。

此外，国家税务法庭虽然职能上独立于国税厅，但是因其制度安排，可以分享到税务机关的技术和信息资源，这就确保日本的税务法庭能够有效地利用税务官员所拥有的税法专业知识和处理技术。由于日本法院没有专门的税务法官，根据职业制度的公正，日本法官经常在全国不同的法院之间"轮岗"，这就难以使法官集中精力专于一门领域，如税法领域。税务法庭的设立解决了法官的技术限制难题，同时，这种模式的审判组织能够在全国范围内组成相对集中的税务审判力量，从而提高

---

[1] 对于地税而言，由于没有专门的"税务法庭"，只实行单一阶段的行政不服申请前置。

[2] 有的学者译作"国税不服审判所"。参见熊伟："税务争讼制度的反思与重构"，载《中南民族大学学报（人文社会科学版）》2004年第5期。

了解决税务纠纷的整体效率。[1]

（三）司法系统分工中的体系专门化——德国

笔者以为，德国的司法体系是全球视角下专门化司法的典范。根据对《德国基本法》的考察[2]，德国的司法管辖系统可以分为两大类：一是有五个一般司法辖区法院的审判系统，二是一个特殊司法辖区的宪法法院系统。初审法院、上诉审判法院、辖区内的最高上诉法院是一般司法管辖区的内部设置，且它们均属于各自的联邦最高法院。普通、行政、财政、社会、劳动司法管辖区构成了德国五个一般的司法管辖区，五个分支法院分别受理案件的范围即五个辖区。如此看来，德国税务司法专门化已经被其基本法中处理专门法律事件的安排确定下来。

由于《德国基本法》是从结构性规定了五个终审法院，究其具体的组织管理和程序规则，还需要对德国 2014 年修改的《财政法院法》[3]进行考察。

组织管理方面，德国税务争议审判权不属于普通法院，而是转向财政法院。德国财政法院是一个独立行政司法管辖区的分支机构，专门负责受理公民与政府之间因税务问题引发的纠纷。财政法院包括两级：（作为最高上诉法院的）联邦财政法院和（下级）州财政法院。联邦财政法院设于慕尼黑，是联邦在

---

　　[1]　参见李大庆、侯卓："我国税务司法专门化之路径取向——兼论税务法院之设立"，载《云南社会科学》2015 年第 3 期。

　　[2]　《德国基本法》第 92 条规定："司法权付托于法官；由联邦宪法法院（Bundesverfass- ungsgericht）、本基本法所规定之各联邦法院（Bundesgerichte）及各邦法院（Gerichte der Lander）分别行使之。"《德国基本法》第 95 条规定："一、为一般法律事件、行政、财务、劳工、社会法律事件，联邦设立联邦最高法院、联邦行政法院、联邦财政法院、联邦劳动法院及联邦社会法院为最高之法院。"

　　[3]　See "Finanzgerichtsordnung（FGO）", available at http://www.gesetze-im-internet.de/fgo/BJNR014770965.html#BJNR014770965BJNG000101301, last visited on 2016-2-17.

税收和海关事务中的最高法院；而州财政法院则分设在各州，负责税务案件的一审。州财政法院既负责调查税收案件的相关事实，也负责正确地解释和适用法律，联邦财政法院则只解决法律问题。[1]

程序规则方面，根据《德国财政法院法》的规定，联邦财政法院的主要职责在于通过解释法律，维护税法执行和适用的统一。联邦财政法院判决要旨通常会变为财政规章或者行政指导，进而得到法律执业者和税务机关的遵守。由此观之，财政法院虽然只管辖与个人权利有关的案件，但其判决不仅对具体案件双方具有约束力，还能得到更大范围的有益扩张，远视之，对于确保税法与基本法的一致性具有重要意义。

二、税务司法专门化的法制空间

法学研究离不开对相关理论的研讨，同时，也需要关注社会现实为具体的法学研究所能提供的现实可能性，从而保证法学研究的实效和价值。[2]而社会的现实可能性必然需要着眼于法律制度和社会空间在其结构上所能提供的空间。本部分将探究现行法律制度中税务司法专门化可能得以生发的制度背景，以期从制度层面回答前述的第二个问题。[3]

---

〔1〕 参见［美］休·奥尔特等：《比较所得税法——结构性分析》（第三版），丁一、崔威译，北京大学出版社 2013 年版，第 79 页。

〔2〕 这种实效和价值并不是通过法教义学中实践后果的角度来评判的，而是在现实可行性的论证方面做一些前期工作。因为法教义学最喜欢自称是自给自足的法律科学，可以从法律文本和法律教义中求得发展和圆融，即便在疑难案件中，也"能为……案件的裁决提供理论上可行、规范上可欲、实证上充分的说明"。但是，这些说明即便再充分、可欲和可行，在司法实践中也没有独立的用处。参见苏力："中国法学研究格局的流变"，载《法商研究》2014 年第 5 期。

〔3〕 见本节第一部分，"其二，假使存在这种制度或理念，我们是否可以在国内适用或推广"。

（一）宪法条文之尺度预留

首先是宪法层面。

第一，我国《宪法》第 27 条规定："一切国家机关⋯⋯实行工作人员的培训和考核制度，不断提高工作质量和工作效率⋯⋯"如前文述，税务司法专门化会大幅提升司法人员、审判组织在处理税务问题上的专业性，能够提升税务司法工作的质量和效率，这本身就符合我国宪法的法律规定。

第二，我国《宪法》第 129 条第 1 款规定："中华人民共和国设立最高人民法院、地方各级人民法院和军事法院等专门人民法院。"有的观点指出，本条款是我国关于专门税务法院设立的法律依据。只不过此处的专门法院如税务法院被一个"等"字概括了，此乃立法技巧的问题。[1]如此看来，也可提炼出税务司法专门化是得到宪法条文概括承认的。[2]

第三，我国《宪法》第 131 条规定："人民法院依照法律规定独立行使审判权，不受行政机关、社会团体和个人的干涉。"[3]而在司法实务中，税务审判工作不仅受行政机关的干涉，更是出现了依赖行政机关的趋势。从前述的近年来税务行政审判的结果来看，纳税人胜诉的案件数量基本为零。虽然这种结果的真实性我们难以得知，但我们总有怀疑的权利。须知的是，税务司法专门化对司法审判权的独立是有积极意义的。

---

〔1〕 参见李大庆、侯卓："我国税务司法专门化之路径取向——兼论税务法院之设立"，载《云南社会科学》2015 年第 3 期。

〔2〕 笔者意欲通过宪法保留的视角来审视宪法的尺度预留问题，但由于宪法保留多与私权利的维护有关，论述的设计范围超越了本书的探讨力度，究其详细问题，可以参见肖北庚："法律保留实质是权利保留"，载《现代法学》2008 年第 2 期；蒋清华："基本权利宪法保留的规范与价值"，载《武汉大学学报（哲学社会科学版）》2011 年第 3 期；邓联繁、蒋清华："论基本权利的宪法保留"，载《湖南大学学报（社会科学版）》2009 年第 6 期。

〔3〕《中华人民共和国人民法院组织法》第 4 条与此条表述相同。

（二）法律层面之可能分析

其次是法律层面。

第一，我国《人民法院组织法》第 12 条规定："人民法院分为：（一）最高人民法院；（二）地方各级人民法院；（三）专门人民法院。"第 13 条规定："地方各级人民法院分为高级人民法院、中级人民法院和基层人民法院。"与宪法层面对"等"字的假定性讨论相同，我国《人民法院组织法》是从审判权的分布上，将专门领域的审判权划分至专门领域的人民法院，依照这种观点看来，税务审判权应当被分至税务领域的人民法院，方符合我国《人民法院组织法》对审判权的归置思路。而税务领域的人民法院根据前面的文献综述梳理的结论，是税务司法专门化的一种路径。

第二，2006 年修正的我国《人民法院组织法》第 27 条第 1 款规定："人民法院根据审判工作需要，可以设必要的专业审判庭。法官员额较少的中级人民法院和基层人民法院，可以设综合审判庭或者不设审判庭。"这便为税务司法工作中设立税务审判庭提供了法律依据。在实践运行中，有的法院已经先行进行了税务司法专门化的尝试，设立了税务审判庭。[1]

（三）政策文件之取向判断

最后是政策文件层面。

2015 年 12 月，中共中央办公厅、国务院办公厅印发了《深化国税、地税征管体制改革方案》，其中提到要"健全税收司法保障机制"，"加强涉税案件审判队伍专业化建设，由相对固定的审判人员、合议庭审理涉税案件"。此中央政策文件是"十三五"规划时期，以完善税务司法促进税收体制改革的重要指导。

---

〔1〕 如海南省。参见杨东成："关于强化税收法制与发展市场经济同步运行的思考"，载《税务与经济（长春税务学院学报）》1994 年第 1 期。

此前，学界对税务司法专门化必要与否的论述云云种种，这份文件反映了国家对税务司法专门化选择了鼓励和支持的施政取向。

一言以蔽之，国家倡导税务司法专门化，则学界很可能会出现针对我国税务司法专门化的系统性研究，这也在客观上为税务司法专门化的推广提供了运行动力。

三、法律资源的三维调配

前面我们从现行法制规范的框架中，提炼出了我国落实税务司法专门化的规范空间。由于现代法治是法治制度与法治社会的统一，两者互补互动，相辅相成，相互回应，缺一不可。[1]故，应当认识到，仅有法制规范的空间可能是不够的，尚需从社会法治的整体视角入手，我们才能看到整体的社会法治结构给税务司法专门化创造的机会。从整体上看，社会法治结构是一个多元互动的生态环境，而这个环境依赖法律资源的配置来运转。

正如有的学者提出，法律资源已表现为一种重要的社会利益，当获取法律资源的多寡直接关乎社会成员的生存状态时，法律资源的分享便成为法治进程中所面临的重大理论及实践问题。[2]因此，分析当下社会税收法律资源的分布状态，是税收司法专门化探究的必经之路。笔者以为，税务司法体系的建构可以涉及多方的法律资源调配，究其社会观察可大致分为三个维度。

（一）精神维度：税务服务理念

近年来，税务服务行业快速发展。"私"服务方面，日渐专

---

〔1〕 参见袁曙宏："法治规律与中国国情创造性结合的蓝本——论《全面推进依法行政实施纲要》的理论精髓"，载《中国法学》2004年第4期。

〔2〕 参见顾培东："中国法治进程中的法律资源分享问题"，载《中国法学》2008年第3期。

业化的税务律师、税务咨询师等服务性人员和税务师事务所等机构〔1〕使越来越多的企业和个人有机会享受到高质量的税务服务，也能更好地维护自身的合法权益。而"公"服务方面，国家大力落实服务型税务机关的建设工作，为企业和个人办税提供了很大的便利。

税务服务的发展过程同样也是税务服务理念逐步深化的过程，为我们提升税务司法服务理念提供了有利契机。税务司法专门化看似是人员配置的优化或职能机构的重组，本质上却是国家司法理念的转变。对于司法理念与司法的作用和关系，我们从当前的一些著作中可以发现。如有学者认为，"司法理念是指导司法制度设计和司法实际运作的理论基础和主导的价值观，也是基于不同的价值观（意识形态或文化传统）对司法的功能、性质和应然模式的系统思考。司法理念是司法的重要组成部分，是体现在司法体制、司法组织、司法程序中，并直接作用于司法人员，形成'行动中的法'即司法实践中的重要因素。"〔2〕故此，转变司法理念对提升司法质量、优化司法结构是有积极影响的，也即税务社会服务理念能在价值观上促成税务司法专门化建设。

---

〔1〕 有关的税务社会服务的论述层出不穷，具体可以参见刘天永："中国税务律师的执业情况与发展机遇"，载《中国律师》2012 年第 1 期；本刊通讯员："税务咨询师（CTC）职业培训启动仪式暨新闻发布会在京召开"，载《财务与会计（理财版）》2010 年第 2 期；罗春梅："论税务服务体系的完善"，载《广东财经职业学院学报》2004 年第 5 期；沈盈盈："完善我国税务代理制度的研究"，山东大学 2013 年硕士学位论文。

〔2〕 参见王申："理念、法的理念——论司法理念的普遍性"，载《法学评论》2005 年第 4 期。

（二）人力维度：税法教育基础

"尚贤者，政之本也"。[1]人，是人类社会的组成基础。[2]所有的法律活动都离不开人的支配，也正因如此，人的支配能力决定了法律活动开展的效果。但人的支配能力不可能生而造就，必须经过教育和学习。所以教育对于法律活动的意义就得以呈现了。可以看到，经过我国国家资源投入和财税法学界十余年的努力[3]，如今中国的税法教育在师资力量、培养模式、应用平台方面已经形成了整体化的衔接，教育水平较过去也有大幅度的提升。

特别是，作为社会分工不断细化的结果，应用型人才逐渐成为一种区别于研究型人才和技能型人才的独立人才类型，其显著特征在于学以致用，以用为本。[4]应用型税法人才教育模式的日趋成熟，在指向性上为税收实务界储备了可观的人力资源。多元化的税法人才若进入税收司法领域，会加强税务审判对税务案件的"支配力"，从而成为税务司法专门化推进的内在动因。这便是税法教育资源为税务司法专门化提供的可行性红利。

（三）信息维度：涉税媒体资源

我们身处的是一个信息化的时代，媒体资源作为我们传递信息的媒介，对于人们知晓信息、掌握信息、把握信息具有决定性作用。特别是论坛、博客、微博、微信等新型社交网络平

---

〔1〕　参见《墨子·尚贤上》，转引自《习近平谈治国理政》，外文出版社 2014年版，第 61 页。

〔2〕　笔者在此处并不是想强调"人"这个概念所代表的包括"人权""人格"其他内涵，仅仅是描述个体的人。

〔3〕　对于中国财税法学教育的发展状况，可以参见刘剑文、耿颖："财税法学科的综合化与多元创新之路——从北京大学财税法学专业的演进展开"，载《中国大学教学》2014 年第 2 期。

〔4〕　参见吴中江、黄成亮："应用型人才内涵及应用型本科人才培养"，载《高等工程教育研究》2014 年第 2 期。

台的推广，拓宽了社会公众获取信息的渠道。而对于媒体的重要性，学界也进行了诸多研究。[1]有观点指出，在现代法治社会，媒体从业人员承担着宣传法制建设、普及法律知识和对法治进行舆论监督的责任。[2]如此看来，媒体资源是税务司法专门化进程中不可或缺的可用因素。换言之，信息化时代的媒体能让更多的人了解税务司法专门化，并且有机会参与到税务司法专门化的讨论中来，集思广益，从而为税务司法专门化的政策落实建言献策。

第三节　税务司法专门化建设的逻辑架构

一、建制逻辑：要义提炼与审思

前文中，笔者通过分析税务司法专门化的必要性与特殊性，论证了我们对于税务司法专门化的"特殊需要"。有的学者指出，"组织是设计用来满足特殊需要的一种手段，一种有力的工具，当需求发生变化的时候，我们自然就会寻求新的组织方法以适应新的情况。"[3]根据这种观点，要满足税务司法专门化的"特殊需要"，就应当寻求相应的组织设计方法，也即税务司法专门化的建制方案。但是，我们并不能盲目进行建制，为此，

---

〔1〕　具体论述可以参见王曙光："略论网络舆论的法律规制及其理论前瞻"，载《法学杂志》2011年第4期；封安波："论转型社会的媒体与刑事审判"，载《中国法学》2014年第1期；高新民："新媒体与党的建设"，载《理论探讨》2012年第6期；周泽："'媒体审判'、'舆论审判'检讨"，载《中国青年政治学院学报》2005年第3期。

〔2〕　参见朱娉、王德强："论传媒舆论引导法律制度的完善——基于对转基因生物安全性争议典型案例的分析"，载《华中农业大学学报（社会科学版）》2011年第6期。

〔3〕　参见［美］W. H. 纽曼、小 C. E. 萨默：《管理过程——概念、行为和实践》，中国社会科学出版社1995年版，第125页。

梳理建制逻辑就显得尤为重要。

（一）本源：依循法治规律[1]

像经济现象有规律可循，经济发展必然受经济规律指导和制约一样，法治现象有规律可循，也必然受法治规律的指导和制约。[2]税务司法专门化的进程需要遵循法治规律。具体包含三个方面。

第一，为税务司法专门化提供法律层面的保障。法治规律对法治建设的导向反映在无论是政治问题、经济问题，还是一般的社会问题，都要明确其解决思路必须最终依靠法律，必须努力寻求并完善制度化的途径。[3]因此，税务司法专门化工作要得以有序推进，必须树立税务司法专门化在法律层面的权威，使相关工作的开展能找到其法律依据。

第二，税务审判向专门化的平稳过渡。应当看到，税务司法的专门化必然会对目前行政司法既有的审判格局形成冲击。虽然税务司法审判是一类专业化的审判模式，即便税务案件的数量占行政案件总量的比重很小，其从行政司法的范围中脱离出来，也并非易事。就笔者目力能及，可能有两个方面：其一，如果直接推行税务司法专门化，审判机构中具备税务专业知识的人员在审判体系中的行政级别可能会有所提升，这就可能会引起行政司法组织中部分人员的不满，从而降低其工作积极性；其二，如果审判机构中掌握税务专业知识的人员很少，那么必

---

[1] 法治规律与前文中的"法律规律"不同。法治规律侧重国家治理的方式方法，而法律规律则侧重法律制度本身演变的客观状态。这里我们探讨的是国家的制度建制，属于国家治理方面的探讨，因此，需要遵循法治规律。

[2] 参见袁曙宏、韩春晖："社会转型时期的法治发展规律研究"，载《法学研究》2006年第4期。

[3] 参见袁曙宏、韩春晖："社会转型时期的法治发展规律研究"，载《法学研究》2006年第4期。

然会存在人才引进的情况，新进人才的审判经验该如何造就，也是应当考虑的。无论是司法人才的培养，还是既得利益的考量，这都是探求税务法治规律中不可忽视的重要因素。

第三，处理好税务司法专门化与其他领域司法专门化的协调。法治规律引导了法治建设并进一步形成其中的各类关系，而各类关系又在影响着法治规律发展的进程。在思考税务司法专门化与其他领域司法专门化的关系之时，笔者认为有的学者主张的"平行推进"[1]可以被纳入考虑范围。"平行推进"立足于法治发展中的"协调"，从而"避免出现因某一方面改革滞后而形成的'体制瓶颈'"。[2]当下，我国的环境司法专门化改革与知识产权司法专门化改革已经优先得到发展，在专门化的范式和方法上可以为税务司法专门化改革提供一些关联的建制经验，从而让税务司法专门化"少走弯路"，促进税务司法专门化与其他领域司法专门化得以尽快协调发展。

（二）慎思：比较视野的选择参照

在第三章中，笔者简要提炼了国外税务司法专门化建制中的智识基础，提炼出了包括税务司法人员专门化、税务司法机构专门化、税务司法体系专门化三类建制思路。对于这样三类建制思路，有的人可能会产生一种疑问，我们究竟可以参照哪种思路来开展我国税务司法专门化的制度建构？这个疑问笔者会在后文中进行分析解答。这里则对这三种思路进行一些评价，

---

〔1〕 "平行推进"是与"循序渐进"这一概念相对提出的。有的学者论述了"循序渐进"概念的缺陷，并提出："考虑一个制度体系整体改革的过程时，关键的问题就不在于顺序，而在于'协调'。"具体论述可以参见樊纲、胡永泰："'循序渐进'还是'平行推进'？——论体制转轨最优路径的理论与政策"，载《经济研究》2005年第1期。

〔2〕 参见樊纲、胡永泰："'循序渐进'还是'平行推进'？——论体制转轨最优路径的理论与政策"，载《经济研究》2005年第1期。

借以展现各类思路间的差异性。

首先是税务司法人员专门化。从前述法国的税务争议解决机制的分析来看，税务司法人员的专门化，适用于税务纠纷非讼解决机制发达的制度环境。在这种制度环境中，由于行政权与司法权相互独立，税务机关行政纠错能力较强，进而保障税务案件在诉前阶段能够得到有效解决。在税务案件对税务司法资源的需求较低的情况下，高度的税务司法专门化会浪费司法资源。此外，税务案件在诉前解决阶段又需要司法权力的介入，以确保案件能在司法监督下获得有效处理，因此税务案件对税务司法资源优势是有需求的。此二者让税务司法专门化通过税务司法人员个体的专业化表现出来，是一种法律资源合理利用的表现。

其次是税务司法机构专门化。笔者以为税务司法机构专门化是税务案件在客观增长上的一种需要，它的专门化力度强于个人专业化，弱于体系专业化，是一种居中的制度建制。应当看到，在大部分的国家中，其司法审判组织设立一个专业化法庭是十分容易的。这是司法审判"因案制宜"的一种处置方式，增强了司法的灵活性，并有助于提升专业案件的审理质量。故，税务法庭应当是一种可以得以普遍适用的税务司法专门化机制。

最后是税务司法体系专门化。税务司法体系专门化是税务司法专门化最高阶的制度表征，它强调税务司法资源的整体性和全面性。世界上仅有数个国家存在税务法院，并且这些国家都有专门的税务法院法。[1]相比于税务司法人员和税务司法机构的专门化，税务司法体系专门化的难度是最大的。所谓"牵一发而动全身"，税务司法体系专门化不仅会从根本上改变一个

---

〔1〕　设立税务法院的国家主要包括德国、美国和加拿大。而法律依据方面，包括德国《财政法院法》（Finanzgerichtsordnung）、美国《1969 年税收改革法》（The Tax Reform Act of 1969）、加拿大《税务法院法案》（Tax Court of Canada Act）。

国家的税务司法格局，甚至会改变国家的司法格局。也正因如此，税务法院的建制在落实的过程中必须慎重。

（三）细化：以国情为出发点[1]

虽然法治是现代化社会中具有普适性的社会理想，但是，对普适性社会理想的共同追求并不能消除不同国家在推行法治过程中所显现出的多种状态。[2]如有的学者指出，法治是一个复杂的概念，其概念的复杂性导源于法治知识的地域性。[3]简言之，就是一切法律活动须从具体社会实际出发。税务司法专门化工作还需我们契合中国的国情。具体主要包含两点。

首先是农村问题。当前，在我国农村范围大、农民收入低的现实情况下，农村地区如何开展税务司法专门化，甚至要不要开展税务司法专门化工作都是在建制的时候需要厘清的问题。

其次是社会贫富分布不均的现状。我国社会贫富差距悬殊甚至还有扩大化趋势，这是理论与实务各界不争的事实。关于居民收入的问题，尚且不论。东部、中部、西部经济发展水平的阶梯差距，即从空间上决定了税务司法专门化工作应当"具体问题具体分析"。换言之，经济发展状况影响税收案件的发生频次，而税收案件的发生频次是税务司法专门化建设必须研讨

---

〔1〕笔者在查阅文献时，检索到一个值得探讨的问题，即"外来主义"和"中国国情"的关系问题。我们虽然不能说税务司法专门化是外来主义，但是既然税务司法专门化在域外有成功的经验，对于经验的参照依旧也可以用"外来主义"和"中国国情"作为分析框架。另外，有学者提出"外来主义"与"中国国情"的争论焦点在于"问题与主义"之争，具体论述可以参见罗志田："外来主义与中国国情：'问题与主义'之争再认识之三"，载《南京大学学报（哲学·人文科学·社会科学版）》2005年第2期。

〔2〕参见顾培东："中国法治进程中的法律资源分享问题"，载《中国法学》2008年第3期。

〔3〕参见袁曙宏、宋功德："论行政法治原则的地域化"，载《南京大学法律评论》2001年第2期。

的内容。

二、预期困惑：体制制约与信息偏在

前述的两点国情，是税务司法专门化建制过程中，必须考虑的社会现实情况。它们是"情况"，是我国社会主义法治建设，甚至是社会主义经济建设、文化建设等方面都需要考虑的普遍情况。这些情况是在建制过程中需要"注意"的，而在本部分，笔者将着力探讨税务司法专门化建制中需要"解决"的问题。

（一）弥补税收法定原则的"缺口"

既然是税制领域的变革问题，难免会从税制原则角度进行审思。[1]而在税制的一系列原则中，笔者并不意欲探讨税务司法专门化工作与所有的税制原则之间可能存在的逻辑联系，因为那种一概而论的做法似乎会让有些论述显得牵强。故笔者择取税制原则中最为重要的税收法定原则进行探讨[2]，期望通过"举重以明轻"的方式揭示税务司法专门化工作在税制原则层面的吁求。

正如有的学者指出，税收法定原则从根本上说，其核心要旨是对征税权的规范和控制。[3]前文中，笔者多次论及税务司法专门化在保障税务司法审判权独立方面所具备的重要意义。而税务司法审判权的独立对规范和控制征税权的作用又是显而易见的。如此说来，税务司法专门化也是落实税收法定原则的现实路径之一。遗憾的是，落实税收法定原则在学界的呼声大

---

〔1〕 这主要是由于税法原则是指导税法的创新和实施的根本准则。参见徐孟洲："论税法原则及其功能"，载《中国人民大学学报》2000年第5期。

〔2〕 参见朱大旗："论税收法定原则的精神实质及其落实"，载《国际税收》2014年第5期。

〔3〕 参见刘剑文："落实税收法定原则的现实路径"，载《政法论坛》2015年第3期。

抵一致，除有关于行政主导主义规范化的研究之外〔1〕，几乎都是从税收立法权回归全国人大的角度保证税收立法权的独立，进而规制征税权。可以看到，学界的呼声也最终被全国人大采纳。但是，从税收司法权领域落实税收法定原则依旧是一个亟待填补的"缺口"。我们需要什么样的配套机制来解决这样的"缺口"，是税务司法专门化工作的时间表、路线图中应当明确的。

（二）行政权能的"扩与限"

回归到我国的制度现实，征税权长期以来被视为行政权的一部分，因此实务中具备了行政权天然扩张的特性。可以看到，我国的征税权此前基于《立法法》的授权条款向税收领域进行了扩张，表现在政府所具备的"政府税收立法权"和"政府税法解释权"；我国的征税权因专业技术又向税收司法领域进行了扩张，表现在政府所具备的"准司法权"。此两种扩张，造成了我国税制领域"强政府、轻立法、弱司法"的局面。

究其限制，前面已经谈到，"税收法定"写入立法法是着力改善"轻立法"的体制表征，而"弱司法"方面该如何解决征税扩权的问题，换言之，税务司法专门化工作要对征税权进行何种程度的限制，是应当考虑的第二个困惑。正如有的观点指出，政府应当维持中立原则〔2〕，这种中立不是针对单面的界限划分，而是衔接多面的各司其职。

（三）税务信息的不对称

信息不对称的问题在竞争法领域被广泛探讨，特别是在探

---

〔1〕 参见熊伟主编：《财税改革的法律逻辑》，湖北人民出版社 2015 年版，第 11—22 页。

〔2〕 参见傅鹤鸣：《法律正义论——德沃金法伦理思想研究》，商务印书馆 2009 年版，第 194 页。

究市场失灵时，信息不对称是其中一个重要原因。[1]但是，学界很少有人注意到，信息不对称同样是税法领域一个很大的问题。税法领域的信息不对称主要包含纳税人和税务行政机关之间的信息不对称、税务行政机关和税务司法机关之间的信息不对称。具体看来：

第一，纳税人和税务行政机关之间的信息不对称主要体现在纳税人逃、避税行为或未能有效履行其协力义务上。[2]首先是纳税人的逃、避税行为。学界有人从财政学角度对中国的逃、避税规模作了系统性研究[3]，并指出纳税人基于自身利益的考虑[4]，会选择技巧性方式实施逃、避税行为，纳税人税务信息的获取难度导致税务行政机关与纳税人之间的信息不对称。其次是纳税人未能有效履行其协力义务。由于制度安排和纳税人纳税素养的差异，纳税人可能会存在申报不及时、申报材料缺失等违反纳税人协力义务的行为。此种情况下，纳税人税务信息的来源缺失导致了纳税人和税务行政机关之间的信息不对称。

第二，税务行政机关和税务司法机关之间的信息不对称主要表现在税法专业知识和技术自身的难度。税法本身涉及会计和金融学领域内有关计算、认定等方面的专业知识。此外，由于税是诸多社会领域必然面临的事务，而不同领域的税制安排与不同领域的专业知识相结合进一步提升了税法的难度。在税制征收层面，税务行政部门为了保障国家的税收收益，必然会抓紧提升其专业技术性的建设。不同的是，由于我国长期未重

---

〔1〕　参见张守文：《经济法原理》，北京大学出版社 2013 年版，第 446 页。
〔2〕　纳税人未履行协力义务的深层因素，可能包含我国纳税人协力义务制度的既存缺陷。具体论述可以参见胡翔："纳税人协力义务制度的完善方向与路径——保障纳税人权利的研究进路"，载《中国市场》2015 年第 46 期。
〔3〕　参见熊鹭："中国逃避税规模研究"，厦门大学 2006 年博士学位论文。
〔4〕　主要包括增加收益、人情社会等方面。

视税务司法工作，再加之税务案件"入诉"难的现实状况，税务司法机关内部对税法知识的重要性认知不足，这也就在客观上形成了税务行政机关和税务司法机关之间的信息偏在。

应当认识到，税务信息是税务工作的基础。没有信息的互动，税务工作必会因为税务信息的偏差而出现诸多问题。故，解决信息偏差的问题在税务司法专门化建设过程中的重要性就不言而喻了。

第四节 税务司法专门化建设的制度路径

坦言之，笔者并不确定我们要把税务司法专门化发展到何种程度。本书的写作并不旨在争论我们到底是要建设税务法院抑或税务法庭，而是期望通过分析税务司法专门化的必要性、特殊性与可行性来回应加强税务司法保障的政治呼声。但是，既然税务司法专门化终究需要通过制度落实，也不妨探讨一下税务司法专门化的制度构建方案，以期为具体的工作开展提供一种思维上的探索。寻觅税务司法专门化制度落实可以借力的"东风"，笔者以为恰好可利用"跨行政区域法院"这一平台。以下对此方案进行分析。

一、谱系基准：方案的建制思考

党的十八届四中全会提出，要优化司法职权配置，推动实行审判权和执行权相分离的体制改革试点。[1]可以看到，"推动实行审判权和执行权相分离的体制改革试点"与税务司法专门化

---

〔1〕《中共中央关于全面推进依法治国若干重大问题的决定》指出："优化司法职权配置……完善司法体制，推动实行审判权和执行权相分离的体制改革试点……"

力图解决的"税务司法权独立"的要旨不谋而合。党的十八届四中全会还提出要探索设立跨行政区域的人民法院。完善行政诉讼体制机制，合理调整行政诉讼案件管辖制度，切实解决行政诉讼立案难、审理难、执行难等突出问题。[1]这又迎合了税务案件"入诉难"的现实性。

此外，有关如何设立跨行政区域法院、跨行政区域法院的管辖范围有哪些内容等问题，至今一直没有定论。基于此三方面的考虑，笔者以为，我国的税务司法专门化可将探索设立"跨行政区域法院"制度吁求作为契机，使税务司法专门化的理念融于此次的司法改革之中。这不仅是财税体制改革的可行路径，更是司法体制改革的一大创新。

具言之，笔者以为可以考虑通过分阶段来展开我国税务司法专门化的制度实践。首先，确保税务司法审判权的独立；其次，考虑税务法庭的试点；再其次，根据税务法庭试点的效果，考虑稳定税务法庭结构抑或推进税务法院的设立。遵循"稳中求进"的运作思维，完善我国的税收司法体制。

二、"分权"以治：税务司法专门化的赖生前提

伯兰特·拉塞尔（Bertrand Ruussell）认为权力可以被定义为意图结果的产生。[2]那么税务司法专门化的意图所产生的结果则是税务司法审判权的独立。从域外较为成熟的税收司法体制表征来看，其相互之间有一个共同的特点，即区分出税务司

---

〔1〕《中共中央关于全面推进依法治国若干重大问题的决定》指出："最高人民法院设立巡回法庭，审理跨行政区域重大行政和民商事案件。探索设立跨行政区划的人民法院和人民检察院，办理跨地区案件。完善行政诉讼体制机制，合理调整行政诉讼案件管辖制度，切实解决行政诉讼立案难、审理难、执行难等突出问题。"

〔2〕参见［美］E.博登海默：《法理学：法律哲学与法律方法》，邓正来译，中国政法大学出版社 2004 年版，第 69 页。

法审判权，无论是哪种形式的税务司法专门化都是确立在税务司法审判权独立的基础之上的。必须注意的是，这种独立不是立法权、行政权与司法权的相互独立[1]，而是笔者在第二章中阐述的将"税务司法审判权"从"行政司法审判权"中剥离出来，形成独立。[2]因为审判权在宪法层面上已经被赋予了独立的地位，无需作冗杂探讨。

目前我国税务司法审判权还归列在行政司法审判权之内，并无"独立"一说，因此税务司法专门化工作尚且不具备权力配置上的基础。从税务司法专门化的角度观察，将税务司法审判权从传统的行政司法审判权中分离出来，给予其制度认同，显得十分紧迫。故，可以考虑在法院系统内部出台"单独审理税务案件"的文件，以明确税务案件作为独立的一类案件进行处理的改革方向。

此外，根据对现行制度设计的思考，笔者以为在税收司法审判权的操作性设计中，我们还可以借助财政司法审判权用以充实税务司法管辖权的内涵，形成"财税司法审判权"。具体而言，一方面，可以考虑按照税收民事、刑事、行政案件的类型来区分具体的管辖分工，另一方面，也可以考虑按照财政预决算、专项转移支付、纳税争议等财政税收事项来进行案件分流。

三、"庭"的先导：以试点效果作评价依据

我国税制变迁的一个突出特点是在立法或修法之前，往往

---

〔1〕 关于审判权独立的思考可以参见周金刚、徐丽华："试论审判权独立的反向思考"，载《南京社会科学》2011 年第 6 期。

〔2〕 因为行政司法审判权已经同司法审判权一道分配给了法院。此处的"剥离行为"旨在提升税务司法审判权的重要性和体系定位，这也是税务司法专门化工作能够获得认同的基本方法。

会经历试点阶段。[1]这主要是由于试点对于制度整体的"撞击"最小，有助于节省制度革新的成本。

江必新[2]曾说过，最高人民法院将指定一些法院来审理跨区域的行政案件。[3]具体来说，利用原来铁路法院的框架，把一部分行政案件指定到原来的铁路运输中级法院或者是基层法院进行管辖。笔者以为，结合有的学者所秉持的观点，即税务法庭更简便易行、操作性强[4]，不妨考虑在最高人民法院的试点方案中，利用指定管辖的机会，设立部分税务法庭试点，借以评判税务司法专门化工作的效果，进而调整相关的制度安排。

设立税务法庭试点可以分为两个方面：其一，在各层级选取部分法院为载体，设立专门的税务审判庭。当下，各级人民法院的层级体系已经确立，因此，在部分人民法院中设立税务审判庭作为人民法院的专业审判庭是可行性较高的短期方案，这不仅有利于尽快检测出税务司法专门化的制度效果，还能有效利用宪法、法律的制度空间，并符合政策文件的施政取向。其二，仿照日本的税务法庭模式，推进跨区域税务法庭[5]的建设工作。这种模式可以根据东、中、西部在发展水平和发展程

---

〔1〕　参见周旺生主编：《立法学》（2000年第二版），法律出版社2009年版，第159—163页。

〔2〕　曾任中华人民共和国最高人民法院党组副书记、副院长、审判委员会委员。

〔3〕　具体参见刘茸："最高法副院长：不设专门行政法院 以普通法院试点"，载http://npc.people.com.cn/n/2014/1101/c14576-25952129.html，最后访问日期：2022年8月10日。

〔4〕　参见徐孟洲等：《财税法律制度改革与完善》，法律出版社2009年版，第455页。

〔5〕　税务法庭是独立的机构，而税务审判庭属于各人民法院内部。税务法庭的职能地位高于税务审判庭。

度上的差异，兼顾民族问题、法治状况和风俗习惯等因素来确立税务法庭的试点。

不可否认，这里存在一个问题，即税务司法人员的专业技术性问题。[1]与某些观点不同的是，笔者以为我们现在并没有大量的、即时的专业司法审判人员（即便有，也很少受过系统化的训练），但长远来看，可以通过三个方面来解决：其一，在各级法院中筛选出具备审判经验且掌握税务知识的司法人员，对其进行统一的组织调动，将其配置到各个税务法庭的试点中；其二，在各级税务行政部门中筛选税务基础扎实且具备司法职业资格的人员，对其进行培训，进而参与到税务法庭的试点建设工作中；其三，在税务服务界、高校中选拔相关的人才，作为税务司法审判的"新力军"。

四、前进之路：保守的改制思维

前文中，笔者提出了税务司法审判权的独立和税务法庭试点的建设方案。但对于更多的制度探讨，笔者认为应当基于税务法庭试点的结果。正所谓，实践是检验真理的唯一标准。之所以提出前述两方案，旨在节省国家推进税务司法专门化工作的成本，以反映本书研究的可行价值。也正如熊伟教授所言，如果新的方案成本太高，根据路径依赖的原理，还不如维持现状。如若大谈体制建设，极易成为一纸空文，背离了笔者原本的研究旨趣。故，笔者选择保留进一步的制度构想。

此外，关于税务诉讼范围内的探讨，并不是指税务司法专门化是局限于此范围内的。我们之所以要集中力量讨论税务司法专门化工作，归根结底还是由于现实的税制中非讼纠纷解决

---

[1] 此处是解决前述的"信息偏在"中的第二重信息偏在。

机制发展的桎梏。[1]在未来的制度设计中，我们如何建立和完善有效的税务非讼纠纷解决机制也是相当具备研究价值的命题。

　　司法体制改革与财税体制改革并举的时代，同样是社会面临转型的时代。社会对于正义的诉求是转型中需要重点关注的。[2]对于制度的探讨，终究要回归理性，不能好高骛远、言过其实。这不仅是政治头脑使然，更是对国家和全体国民负责。诚然，税务司法专门化工作对纳税人权利保护、税务司法审判权的独立，甚至是国家税收收益的保障都具备理论上的有益作用。但这毕竟是改革，没有人知道改革的道路上，会出现何种情势。因此，低头看路，根据情势变化，静心审思我们究竟需要怎样的税务司法专门化方为智慧之举。

---

　　〔1〕　我国一贯主张建设"强政府"，政府的行为或决策的失误会引发"行政首长问责制"的连锁反应，故政府更需要维护自身的权威，最直观的反应就是维护自身决策的权威。行政领域的非讼纠纷解决由于缺少内在的压力，发展是十分缓慢的。有关"讼与非讼"的论述可以参见陈桂明、赵蕾："比较与分析：我国非讼程序构架过程中的基本问题"，载《河北法学》2010 年第 7 期。

　　〔2〕　司法体制改革的本身就是为了社会主义公平正义，财税体制改革的税收正义问题也不容忽视。有关税收正义的论述可以参见陈丹：《论税收正义——基于宪法学角度的省察》，法律出版社 2010 年版，第 34—61 页。

第五章

思路拓展：制度民主的财税法提炼

第一节　时代观察：以数字经济中落实税收法定为例

数字经济的快速发展形成了税收制度与经济运行之间的错位。在数字经济背景下落实税收法定原则有助于弥合税收治理现代化中的罅漏，确保税收法治与经济法治并行不悖。由于数字经济的复杂性，落实税收法定原则在裁量控制、税权分配和规范衔接等方面存在难点。结合我国税收立法的演进逻辑和"辨证施治"的现实考量，宜从交易识别、漏洞填补和动态规制中寻求数字经济课税的一般标准、立法路径和治理方式。进一步看，数字经济背景下落实税收法定原则也为思考税收法定原则的现代化变迁提供了智识支撑。

一、问题的提出

讨论数字经济背景下落实税收法定原则的问题主要基于两个现实：一是国家税制改革的现实。依据 2015 年党中央审议通过的《贯彻落实税收法定原则的实施意见》所确定的路线图，国家拟在 2020 年前全面完成税收立法，将全部税收暂行条例上升为法律或者废止。但从现实情况看，这项工作并未完成。[1] 为谋求高质量的税收治理，可以预见，落实税收法定原则依旧是"十四五"时期财税体制改革的重要任务。二是数字经济快速发展的现实。数据显示，2020 年中国数字经济

---

〔1〕　截至 2022 年 8 月，我国 18 个税种中已有 12 个完成了立法，全局税收法定正在推进却尚未形成。

规模达到 39.2 万亿元，占 GDP 比重为 38.6%。[1]数字经济的快速发展丰富了市场主体从事经济活动的场域和形式，同时催生了更为新颖和复杂的交易结构和利益链条。这些融入数字元素后的新经济、新模式和新业态不仅提升了经济运行的效率，同时形成了税收治理的空白区域，容易导致新的税收流失和分配差距。

前述两个现实的重叠表明：数字经济规模持续扩张和税收法定工作滞后，客观上加剧了相对安定的税法和数字经济税收治理间的矛盾。可以预见，为了合理分配数字经济为社会带来的经济利益，数字经济税收治理的重要性越发凸显。同时，根据中共中央印发的《法治中国建设规划（2020—2025 年）》之安排，数字经济立法已是新发展阶段的重要任务。[2]习近平总书记也曾指出，要完善数字经济治理体系，健全法律法规和政策制度，完善体制机制，提高我国数字经济治理体系和治理能力现代化水平。[3]进一步看，税收法定是税收法治的前提，特别是自 2015 年《立法法》修改以来，税收法定原则已经成为我国税收治理中的根本原则。因此，在推进数字经济建设中落实税收法定原则是缓释前述矛盾的智识基础。

二、数字经济背景下税收法定原则的价值重申

人类进入工业文明以后，现代信息技术的进步大幅提升了

---

[1] 参见中国信息通信研究院发布的《中国数字经济发展白皮书（2020 年）》。

[2] 《法治中国建设规划（2020—2025 年）》指出，要"加强信息技术领域立法，及时跟进研究数字经济、互联网金融、人工智能、大数据、云计算等相关法律制度，抓紧补齐短板。"

[3] "推动我国数字经济健康发展 习近平作出最新部署"，载 http://www.chinanews.com/gn/2021/10-20/9590512.shtml，最后访问日期：2022 年 8 月 10 日。

社会生产力水平和物质财富积累总量，同时，现代信息技术作为资源攫取和利益分配的重要工具[1]，愈加成为经济发展中不可或缺的要素，数字经济便是现代信息技术与经济发展深度融合的结果。数字经济虽然在内容和效率等方面区别于传统经济，但它们同为经济的本质并无二致，依旧会遵循基本经济规律出现信息偏在、分配不均等现实问题，有的方面甚至比传统经济更加严重[2]。从经济治理的历史经验看，法治是其中最重要也是最有效的方式。因此，在经济现代化的过程中还需保持经济治理的法治化。对数字经济时代的税收治理而言，推进治理法治化的基础依旧是全面落实税收法定原则。

（一）法定性作为税收治理现代化的根本要求

税收治理现代化是税收现代化的精细化阐述，全面有效地推进税收治理现代化是实现我国国家治理体系和治理能力现代化的重要载体和战略突破口。由此，数字经济时代的税治逻辑应当内嵌于税收治理的现代化之中。结合税制变迁的理论观察和治理实践，税收治理现代化主要包括税收治理体系现代化和治理能力现代化两个方面，而法定性是实现这两个现代化的前提。

第一，税收治理体系的现代化要求在税收立法和政策制定中确保法定性。改革开放以后，为了提升税法规制的灵活性，税收领域的"授权立法"大量存在，导致行政部门实质成为税收立法的主体，"主体错配"不仅削弱了我国税收治理的法治价值，而且对经济发展产生了不小的负面影响。现代化的税收治理体系需要完备的税收法律体系作为支撑，只有从源头上解决

〔1〕 王雨辰："从'支配自然'向'敬畏自然'回归——对现代性价值体系和工业文明的反思"，载《江汉论坛》2020年第9期。
〔2〕 王雍君："数字经济对税制与税收划分的影响：一个分析框架——兼论税收改革的核心命题"，载《税务研究》2020年第11期。

税收制度的合法性问题，才能确保税收治理在民主化的支撑中克服现代化实践的阻力。

第二，税收治理能力的现代化要求在税权配置和征管程序中遵循法定性。为了保证现代化税收治理在具体操作中的有效性，国家还需具备现代化的税收治理能力。从税收的一般特征看，税收治理能力主要分为税权配置能力和税收征管能力，它们不仅影响着税权在央地和部门之间的分配状况，还直接关系着国家税收收入的最终实现。经济越是现代化，税收利益的生成效率也会越高，如果税权配置和征管程序脱离了法定的缰绳，诸如央地之间的"主从博弈"，税务机关的"准立法权""准司法权"等问题就会更加突出，税收治理能力的现代化也无从谈起。

（二）落实税收法定原则 促进数字经济发展

在数字经济中落实税收法定原则的具体方式，主要是推进数字经济税收治理在税收立法、政策制定、税权配置和税收征管程序等环节的法定化，对数字经济税收治理中的税收规则供给和经济利益分配具有重要价值。

第一，税收立法的法定化有利于加强数字经济税收规则的刚性。在税制变迁中，参与税收治理的各主体均需要明确的制度预期，否则极易引发不确定的经济问题。应当注意，数字经济时代的税制建构并非对传统税制的小修小补，数字经济税收规则的制定在改变传统税种的税基、税率等税收要素之外，甚至会改变税收制度的体系结构。这些变动很可能会对纳税人的权益造成新的侵害，因此需要人民行使同意权，增加税收规则的刚性。

第二，政策制定的法定化有利于规范数字经济中的行政裁量。授权立法是技术性法律制定中难以避免的处理方式，在数字经济中进行税收治理除了需要依靠税法的技术性，还增加了对现代信息技术的需求，几乎可以肯定，在数字经济税收规则中依旧会存在授权立法的条款。税收政策对数字经济的实际影响尚且还需要具体的政策样本进行分析，但无论如何，把握授权立法的尺度、明确税收构成要件的法律保留作为数字经济税收治理中平衡法律规制和技术处理的法定方式，对约束税务机关或技术部门的行政裁量权将有助益。

第三，税权配置的法定化有利于缓解数字经济形成的分配矛盾。数字经济在推动税制变迁的同时，对多元主体的税收利益分配也产生了巨大影响。以国内最大的税种增值税为例，数字经济改变了货物生产要素和交易价值链的空间布局，跨省交易的常态化使传统增值税收入划分规则出现局限性[1]，而"营改增"以后，增值税收入对各地的财政收入又十分重要，通过法定的方式确定增值税税权的配置能够起到"定分止争"的作用。同样的缓释逻辑还适用于企业所得税、消费税等税种收入在数字经济中形成的分配矛盾。

第四，税收征管程序的法定化有利于保护数字经济纳税人的权利。数字经济下的市场主体、商业交易、资产形态、信息资料等内容均能通过数据方式进行记录，同时，数字技术的运用也增强了税务机关的稽征能力。由此，纳税人履行协力义务和税务机关核定征收的边界应如何界定？例如，如果任由税务机关收集、使用相关数据信息，虽然能够提升税收征管效率，但也可能导致纳税人的个人隐私或商业机密受到侵犯，引发新的法律规制问题。通过法定方式明确税务机关在税收征管程序中的权力和责任，能够增强数字经济时代纳税人的安全感，降低征纳双方的法律风险。

---

[1]　张斌："数字经济对税收的影响：挑战与机遇"，载《国际税收》2016年第6期。

三、数字经济背景下落实税收法定原则的三重难点

落实税收法定原则本身并非易事，数字经济的快速发展更是加大了这项工作的难度。具言之，数字经济对现代信息技术的高度依赖促使传统经济活动中的资产形态、交易模式、利益链条等内容发生了重大改变。由于税法的滞后性，前述各项改变还未来得及受到税收民主决议的捕捉。为了保障国家的税收主权和分配制度的效率，数字经济课税需要税务机关行使一定的行政裁量权。同时，数字税收利益引发的税收竞争又可能导致税权配置规则失灵。此外，数字经济的全球化还对课税规范的国内外衔接提出了要求，这便使落实税收法定原则出现了新的难点。

（一）数字经济对行政裁量权的需求

第一个难点是应对数字经济课税对税收行政裁量的需求。基于学界共识，税收法定原则的基本内涵总体可归纳为构成要件法定、具体要素确定和程序合法履行[1]。理论上讲，税收法定原则并不支持税务机关的行政裁量权，但经过多年的税收实践，赋予税务机关一定的行政裁量权能够提升税款征收的效率，因此，默许税务机关的行政裁量权已成为现代税收治理的事实，落实税收法定原则也逐渐转变为对税务机关的行政裁量权进行有效控制，具体办法主要是通过扩充立法来填补税法漏洞并限制税务机关在某些具体事项中的权限。

应当注意，如果社会变迁和税法发展保持某种程度的"相对静止"，前述办法尚且还能发挥一定作用，但当下的问题在于，数字经济的发展速度已经大幅超过了税法调整的速度，既

---

[1] 刘剑文："落实税收法定原则的现实路径"，载《政法论坛》2015年第3期。

有税制不仅难以有效规制数字经济已经创设的税收要素和交易形式，而且扩充立法在短期内也很难填补随时可能形成的税法漏洞。由此可见，数字经济课税较传统经济课税更依赖行政裁量。

在有法可依的前提下，税务机关的行政裁量权并不会贸然扩张，对税收法定原则的突破一般始于对特定条文的行政解释，而后才是行政立法。以数据这一新兴征税对象为例，数字经济使数据成为个人或企业资产的重要组成部分，随着数据产业规模的持续扩大，数据已被纳入生产要素范围，未来数据被视作财产进行课税的可能性也在不断增加。目前，与数据相关的税收主要以数据服务类的增值税为主，而且"数据"还被置于"无形资产"这一征税对象的项下进行讨论，并没有专门针对"数据"的课税条款。遵循国家在税收立法中"先试先行"的路径依赖，直接进行数据税立法几无现实可能，税法从"无形资产"到"数据"的适用首先需要通过行政解释。无法可依的现实背景几乎是在主动要求税务机关扩张行政裁量权。而且，除税目上的扩大解释或类推解释外，对我国《企业所得税法》第47条、《个人所得税法》第8条等一般反避税条款的行政解释也会结合数字经济进行扩张。

值得进一步思考的是，数字经济税收治理对行政裁量的需求并不止于行政解释，还包括授权立法。具言之，虽然构成要件法定要求纳税人、征税对象、计税依据、税收优惠等税收基本要素应当由法律规定，但由于我国立法机关税务专业性不强，税务司法并不发达，立法和司法机构并没有充分进行法律解释的能力，即使未来数字经济税收立法进入实质阶段，类似"数据""人工智能"等不确定概念的解释权依旧需要部分授予行政机关，以保持国家对数字经济税收利益进行处分的灵活性。

(二) 数字经济时代的税权分配

第二个难点是结合数字经济的发展调整税权分配。依通说，税权分配主要是指税收立法权、税收征管权和税收收益权在纵横两向上的分配。纵向分配主要是指税权在中央和地方间的分配，横向分配主要是指税权在人大和政府间的分配。多年来，税收立法权向全国人大集中已成为落实税收法定原则的共识，税权法定作为抽象层面的税收法定反而被忽视了。数字经济背景下，仅言税收立法权回归全国人大显然不足以应对税收利益分配的复杂性，尚需考虑税权在其他向度上的分配。由于税收征管权和税收收益权具备附随关系，国税地税机构合并已经解决了税收征管权的分配问题，数字经济时代进行税权分配的难点主要集中在税收立法权和税收收益权的分配。

具体而言，税收立法权分配的难点在于地方税收立法权的配置。由于各地的基础设施建设和经济发展状况并不均衡，经济数字化的程度也呈现出明显的区际差异，根据不同地区经济发展的特点，各地区推进数字经济的方向也并不一致。在此情况下，数字经济税收治理宜赋予地方一定的自主性，以满足量能平等负担的原则。进一步看，为了避免这种自主性异化为不受控制的裁量，充分发挥地方立法机关的立法权能是区际落实税收法定原则的最佳选择，这对地方税收立法权而言并不容易。

税收收益权分配的难点则在于调和府际税收竞争。与税收立法权相比，税收收益权对各地更具现实意义。全面推行"营改增"以后，税权进一步向中央集中，地方税主体税种的缺失使地方政府面临新的增收压力。可以预见，随着数字经济规模的壮大，政府间围绕数字经济利益所展开的税收竞争会日趋激烈，既有的税收利益分配规则将面临挑战。例如，数字经济催生了许多注册地、常设机构所在地、实际经营地分属不同省份的企业，此时，对企业所在地的界定直接关系到相应地区的财政状况，如果缺乏明确的法定规则，容易造成相互推诿，进而引发税收竞争的局面[1]。

（三）数字经济课税规范的内外衔接

第三个难点是国内外数字经济课税规范的衔接。数字经济的开放性、流动性和虚拟性对现行国际税收规则造成了巨大冲击。从 OECD 近期推出的"双支柱"方案看，应对数字经济跨境课税问题已成为全球税收治理的重要内容。2021 年 11 月 1 日，中国正式申请加入《数字经济伙伴关系协定》（DEPA）。在我国数字经济深度融入全球产业链和价值链的背景下，涉外领域的税收规范中税收概念、税收原则等要素模糊的问题更加明显[2]。例如，在涉外税收治理中，由于我国的一般反避税规则较为抽象，对"合理商业目的""实质重于形式"以及"经济实质"等核心概念缺乏明确的法律指引，而数字经济中诸如跨境电商交易、数据资产跨境转移等行为比传统税法规制更需要适用前述概念，在数字经济使跨境交易隐蔽化、复杂化的情况下，落实税收法定原则的时下之举便是推进一般反避税条款的精细化。

除国内现行立法精细化的任务外，推进数字经济课税规范的内外衔接还需考虑税收法定的全面化。数字经济跨境交易中，所得、财产的形式更加丰富，这两个要素几乎涵摄到了所有税种的衔接问题。与之同时，数字经济税收的跨境征管还需要现代化的征管制度予以配合，而我国《税收征收管理法》首次出

---

[1]　刘怡、耿纯："增值税跨地区转移与留抵退税负担机制研究"，载《税务研究》2020 年第 10 期。

[2]　崔晓静："论中国特色国际税收法治体系之建构"，载《中国法学》2020 年第 5 期。

台至今已三十余年，虽然该法在适用实施期间历经多次修改，但其总体的立法框架和程序设计仍然不能满足数字经济税收征管工作的需要。在主体程序法严重滞后的情况下，税种法律体系和跨境征管体系的数字化本身已是一项数量繁多的法定任务。此外，随着数字经济的发展，双边甚至多边的税收争议还会明显增多，"双循环"的格局中，通过立法调和国际税收利益分配和争议解决机制在国内的适用问题，对维护我国的税收主权和企业的合法权益又具有明显的刚性作用。由此观之，国际视野中推进贴合数字经济发展的税收法定并不容易。

四、数字经济背景下落实税收法定原则的制度出路

前文论及的三个难点归根结底需要通过立法加以解决，但数字经济作为新兴的经济模式并没有类似"平移式"税收立法的基础条件，而且，按照我国税制改革重视风险控制的惯例，在没有分析样本的情况下直接制定专门的数字税法并不现实。因此，数字经济中落实税收法定原则的当下实践主要还是在现行税法框架下进行制度改进，这就包括对现行规则的有效利用和相继调整。具体而言，包括提炼裁量标准、填补制度漏洞和强化责任约束三个方面。

（一）交易识别：概念疏正与标准提炼

在新型交易被创造到具体的税法规则生成的过程中，由税务机关根据其"具体事实与环境因素"，参照税收负担能力相当的传统交易模式或依照税法的一般原则，确定市场主体应承担的公共开支，在一定程度上可以缓解税法滞后所引发的问题[1]。虽然数字经济催生了许多新型的资产形态和交易方式，但当这

---

〔1〕 汤洁茵："税法续造与税收法定主义的实现机制"，载《法学研究》2016年第5期。

些内容重复出现到一定程度，那些重复度较高的资产与交易类别自然会凸显出来。从税收立法的经验来看，重复出现的资产和交易往往构成了税法调整的主要对象。由于立法需要一定的时间成本，在数字经济中落实税收法定原则首先可考虑充分利用现行规则，在此基础上结合数字经济的特征判断实务中相似度较高的案件类型，并据此推出数字经济课税的一般标准。

进一步看，既然数字经济中的行政裁量不可避免，倒不如通过合理方式加以限制。数字经济课税标准可先通过部门规章的形式制定，使数字经济税收立法在广义上完成从无到有的过程。有了切实的操作规范，至少能让一些具备典型特征的数字交易行为受到税法规制，提升数字经济纳税人的纳税意识，还能为税务机关的稽征工作提供基础指引，降低行政裁量的随意性。申言之，在标准的制定过程中，还应当着重疏正数字经济对既有概念造成的混淆，例如，明确无形资产是否包含数据、企业所在地如何确定等。这种法定方式有点类似于对"视同销售"行为的课税处理，虽然不能"毕其功于一役"，但个案裁量中的"小步前进"也能促使数字经济课税事项在现行税法框架下逐步明晰，为后续系统立法创设条件。

（二）漏洞填补：立法宗旨与变革思路

先行制定课税标准是推进数字经济税收法定的手段，目的在于实现立法成本的边际递减。对数字经济税收立法而言，为了解决前述的三个难点，还应考虑通过具体办法辨证施治。

第一，确定立法宗旨。理论上讲，税法的功能包括组织收入、调节分配和调控市场，在数字经济税收治理尚未推进的情况下，立法的功能定位在数字经济税收治理中必须予以明确。具言之，如果期待数字税收缓释地方的财政困境，则可考虑以组织收入功能为主；如果为了调节数字经济造成的分配差距，则可考虑以分配功能为主；如果为了动态治理数字经济市场的乱象，则可考虑以调控功能为主。结合前述的第二个法定难点，笔者倾向于以分配功能为主，毕竟税权和经济利益的分配事关政府和市场间及其各自内部的运行秩序，对分配规则的刚性要求最高。

第二，处理好法律与政策的关系。无论何种立法目的，税收立法一定是以体系化的方式进行。这就需要在"法律—政策"的框架中确定好授权立法的范围。基于阶层税收构成理论的纵向体系、使命和内在逻辑，税法的基本要素大体可以归入定性要素和定量要素两大子系统。前者主要包括税收客体、归属和税收主体，后者主要包括计税依据、税率、纳税义务发生时间和税收特别措施[1]。为了应对前述的三个法定难点，法律层面应当强化定性要素的刚性，明确税收归属的同时限制行政机关的解释权；政策层面则应在定量要素中保留一定的弹性，用以应对实践中内外制度与经济环境的变化。

第三，试点先行。结合传统经济模式中税制变迁的规律，以"局部试点"促进"全局立法"是我国税收立法的基本逻辑，实施方式一般为结合部分行业或部分地区的税制调整经验来推动税收制度的整体变革[2]。由于数字经济牵涉广泛的利益面，税收立法的经济风险相对较高，推进立法宜沿用前述相对成熟稳妥的立法模式，在数字化程度较高的行业和数字经济较为发达的地区推行数字税试点，用以观测数字税对具体行业和地区的影响，而后再酌情推开全局立法。

---

〔1〕 叶金育："税收构成要件理论的反思与再造"，载《法学研究》2018年第6期。

〔2〕 侯卓："税制变迁的政策主导与法律规制——税收法定二元路径的建构"，载《财经理论与实践》2017年第5期。

（三）动态规制：权力分配与技术革新

在数字经济中落实税收法定原则并非谋求固化的法律制度，即便税收法定要求通过位阶更高的法律进行规制，为了弥合数字经济快速发展造成的税制罅漏，税收法定进程仍需基于动态视野进行调整。从税收法定的整体过程看，能够有效布局调节能力的空间集中在税权分配和立法技术两个方面。

第一，调整税权分配要适当加大对地方的赋权。一是均衡配置税收立法权。赋予地方税收立法权对地方税收治理的便利毋庸赘述，需要注意的是，虽然数字经济在各地的发展并不均衡，为了避免数字经济发展的"马太效应"〔1〕，应考虑赋予各地同等的数字经济税收立法权，以便经验推广和资源互通。同时，为了避免地方政府的逐级竞争和逐项竞争，地方赋权的级次宜以省级或较大的市级的人大为主，赋权范围则局限于地方税部分。二是差异配置税收收益权。不同于税收立法权的开源性，税收收益权应体现一定的奖励性，用以促进各地积极进行数字经济税收治理。为此，可考虑在数字经济税收收入分配中设置税收返还机制，提升数字经济 GDP 占比较高的地区在数字税收收入中的分成。当然，前述权力的分配均应在全国人大授权的前提下进行，以体现出人民的同意性。

第二，调整立法技术要结合数字经济发展的新动向。结合"双循环"的发展格局，数字经济的发展包括国际和国内两个面向。国际方面，应当重视对各类跨境交易的数字化避税方式进行识别，积极推进与重点国家或地区间税收协定的修改，吸纳OECD 各类规则的前沿经验。国内方面，应当看到我国在数字经济发展中的个性，着重对电子商务、移动互联、第三方支付等

---

〔1〕　马太效应，一种强者愈强、弱者愈弱的现象，广泛应用于社会心理学、教育、金融以及科学领域。

业务进行税收设计，对增值税、所得税、消费税等重要税种在数字经济中的税负水平进行有效测度和重新定位。通过内外双向施力的方式促进数字经济税收规范的有机衔接。当然，加快提升税收征管能力的数字化是调整立法技术的基础，为此，还应当结合数字经济形势尽快修订《税收征收管理法》。

五、小结

数字经济时代落实税收法定原则的深层逻辑在于确保税收法治与经济发展协同推进。经济数字化其实只是经济现代化的缩影，经济运行模式在现代化进程中的任何一项重大变迁都会引发税收制度的相应调整。因此，在数字经济中落实税收法定原则同时也是税收法定原则在结合社会的现代化变迁不断扩充其价值与内涵。税收法定原则自 1215 年在英国《大宪章》中被提出，至今已逾八个世纪，漫长的历史变迁中，人类社会相继历经了农业经济时代、工业经济时代，如今已进步到数字经济时代。基于历史视角，税收法定原则在前述各个时代的税收治理中都被反复强调，这不仅说明税收治理对制度规则的依赖，也凸显出税收民主与法治对国家经济治理的重要意义。

结合本书来看，税收法定原则的现代化变迁是税法规则于"变"与"不变"的辩证统一。所"变"之处在于：税收法定在具体要素定性与定量的过程中，需结合经济发展的新特点、新方式、新问题不断调整税基范围、税率幅度、优惠内容、权力配置和法律结构。"不变"之处在于：任何核心税收要素的变动都需要有法定的制度框架，最大程度彰显纳税人的同意权。对"变"与"不变"二者关系的处理，是所有税制构建中最基本的命题。回归本书，数字经济时代落实税收法定原则的三项难点从根本上看就是寻求"变"与"不变"的动态平衡，既需通过裁量标准和立法进路思考数字经济时代落实税收法定原则的"大方向"，还需从税权分配与规范衔接方面讨论操作性更强的"小细节"。

第二节　政治延伸：以党内规范与财税制度的交叉为例

　　财政党规作为财税法治与政党法治之间的交叉，法治视域中对其进行观察与思考将开辟财税法治与政党法治交互研究的新领域。财政党规作为政党规范体系的核心构成与财税制度体系的重要抓手，进一步成为国家法治体系的驱动基础。也正因如此，财政党规为重构政治生态文明、规范政党财政治理提供了制度支持，有助于形塑"政治—经济—社会"多位一体的国家治理格局，推进国家治理体系和治理能力的现代化。在党内法规推进政党法治与国家法治的实践中，财政党规是全体国民"看得见"的政党规范，其法治运行依赖规范生发的现实回应和制度建构的内外协同，在此基础上，培育党和国家兼顾的法治理念是财政党规助益法治实践的有益启发与制度关照。

　　随着我国经济总量的跃升和社会财富的积累，财税立法在法治建设和经济建设中的重要性日渐凸显。而法治实践中加快建立现代财政制度目标的提出和税收法定原则写入《立法法》，更是将我国带入了财税立法快车道。毋庸讳言，在法治中国与财税法治的双重背景下，构建完备的财税制度体系是经济发展与法治推进的现实诉求。如何保障财税制度的科学制定，有效发挥财税法在国家治理中的作用受到理论和实务界的广泛关注。

　　长期以来，学界针对财税法治的研究集中于论述"法"与

"国"的关系，强调财税制度与法治中国之间的联动[1]，虽然促进了"财政是国家治理的基础和重要支柱"的制度认知，但也导致了从财税法角度出发研究政党法治的成果为数寥寥。目前，学界对党内法规的研究集中于解决其在制定原则、效力等级、外部衔接等方面的问题，并无专章论及党内法规的类型化区分，以财政问题作为类型区分的研究尚付阙如。不可忽视的是，在中国的语境中，政党法治是首要的国家治理问题[2]，财税法治中如何妥善处理政党法治是财税法研究的重要一环。由于党内法规制度体系是加强党的建设的基本保障[3]，党的十八届四中全会又将党内法规明确纳入我国社会主义法治体系，[4]财税法律体系与党内法规制度体系[5]的交叉——财政党规（Fiscal Party Regulations）成了财税法治视域中推进政党法治的出发点，同时，针对财政党规的研究也将开辟政党法治与财税法治交互

---

〔1〕 有关财税法促进国家治理的研究不胜枚举。例如：高培勇："论国家治理现代化框架下的财政基础理论建设"，载《中国社会科学》2014年第12期；熊伟："中国国家治理的进路选择：财税治理及其模式转换"，载《现代法学》2015年第3期；贾康："走向'现代国家治理'的财税配套改革"，载《财政监督》2018年第2期；刘剑文、侯卓："财税法在国家治理现代化中的担当"，载《法学》2014年第2期；李安安："财政与金融法律界分视域下的地方债务治理"，载《政法论丛》2018年第3期；付大学："财税法社会控制功能分析范式与制度构建"，载《法律科学（西北政法大学学报）》2017年第4期。

〔2〕 田飞龙："法治国家进程中的政党法制"，载《法学论坛》2015年第3期。

〔3〕 王振民："党内法规制度体系建设的基本理论问题"，载《中国高校社会科学》2013年第5期。

〔4〕《中共中央关于全面推进依法治国若干重大问题的决定》中指出："全面推进依法治国，总目标是建设中国特色社会主义法治体系，建设社会主义法治国家。这就是，在中国共产党领导下，坚持中国特色社会主义制度，贯彻中国特色社会主义法治理论，形成完备的法律规范体系、高效的法治实施体系、严密的法治监督体系、有力的法治保障体系，形成完善的党内法规体系"。

〔5〕 这里需阐明：本书提及的党内法规的"党"仅表示执政党，而"法规"在自身体系上取广义，泛指党内出台的各类规范的总和。

研究的新领域。

一、问题的提出

理论上讲，党内法规被纳入社会主义法治体系以后，所有类型的制度体系都应考虑相应类型化的党内法规，以扩充各类制度体系的内涵。但由于党内法规所调整的对象——全体党员同时也是国家法律所调整的对象，除党内组织建设中需特别遵守的规则外，绝大多数国家法律法规已经能够充分发挥其规范作用。因此，诸如民法、刑法等学科提炼类型化党内法规的意义不大。进一步而言，提炼类型化的党内法规一定需要凸显其在规范党的组织建设、党的工作与活动和党员行为中的重要意义。[1]

从目前党内工作的实践来看，现阶段党风廉政建设和反腐败斗争形势严峻复杂[2]，反腐是议论较多的问题。[3]以反腐为例，制度化反腐工程的建设受到中央的高度关注。由于绝大多数类型腐败的最终目的都在于满足私利，其基本方式都离不开侵吞或滥用公共财产，实质上可被概括为"公财私用"。[4]多数反腐败问题的本质是财政问题，即维护公共财产在党内的合法有效运转，通过对党内财权的控制，进一步控制党内事权，从而达至"把权力关进制度的牢笼"。

因财政问题在党内治理中的重要意义，需要为党内视域中

---

〔1〕 姜明安："论党内法规在依法治国中的作用"，载《中共中央党校学报》2017 年第 2 期。

〔2〕 参见中共中央文献研究室编：《习近平关于全面从严治党论述摘编》，中央文献出版社 2016 年版，第 185 页。

〔3〕 习近平："关于《中共中央关于全面深化改革若干重大问题的决定》的说明"，载中共中央文献研究室编：《十八大以来重要文献选编》（上），中央文献出版社 2014 年版，第 505—506 页。

〔4〕 陈立诚、刘剑文："财税制度反腐：一种源头治理的新进路"，载《政治学研究》2015 年第 1 期。

的财政问题提供针对性的治理体系。从人类社会发展的历史来看，制度化作为组织和程序获得价值观和稳定性的一种进程，能够有效形成秩序。故制度化方案对规范党内财政秩序而言不失为一种考察路径。由于党内法规是党内治理的政治规矩和制度规范[1]，财政类型的党内法规也即"财政党规"是党内财政治理的政治规矩和制度规范。提炼"财政党规"这一重要体系将有助于破除传统工作中"管人"思维主导的党内工作桎梏[2]，以"人财并重"的方式来开辟新的党内治理路径。

除党的治理方式中需要正视财政手段外，财税法治的全局视野中财政法在国家治理与政党治理中的同步，亦是财政党规获得实践支撑的重要原因。具体而言，在中国的党和国家互动体制中，执政党同时借助党和国家两个系统来"治国理政"[3]，无论是治党还是治国，本质上都是为了处理好权力与权利间的二元关系[4]，从我国国家治理的实践来看，财税体制改革通过公共财产合理运转的视角不断调和着国家公权力与公民私权利之间的矛盾，由于财产自身的利益性促使财税范式对社会、经济层面的影响效果较为直接和明显，而其温和、渐进的特点又能使政治风险和社会风险保持在可控范围之内。[5]财税思维在国家治理的法治化与现代化之中具备重要的理论关照与制度价值。进一步看，

---

[1] 张海涛："政治与法律的耦合结构：党内法规的社会系统论分析"，载《交大法学》2018年第1期。

[2] 传统党内治理中，过分强调对党员个人的控制，不利于调动党员工作的积极性。辅以对财产的控制是更为合理的手段。

[3] 强世功："从行政法治国到政党法治国——党法和国法关系的法理学思考"，载《中国法律评论》2016年第3期。

[4] 秦前红、苏绍龙："中国政党法治的逻辑建构与现实困境"，载《人民论坛》2015年第20期。

[5] 刘剑文：《理财治国观——财税法的历史担当》，法律出版社2016年版，第40页。

公共财产的合理运转所依靠的"财权—事权"规范架构，作为国家治理中成功经验的一般化总结，在政党治理中同样具备实践空间。

有观点指出，从政党法治角度审视当前的法律体系，必须承认政党法治在国家法律体系中的建构还有许多缺憾[1]，由此带来的一个显见问题是国家法律与党内法规的衔接处理过于抽象化。当前有关国家法律与党内法规的衔接研究均是从原则、属性、范畴、地位等方面进行探讨[2]，除少数部门法理念在党内法规中的思考外[3]，并无部门或领域法律体系在国家法律与党内法规间的整体提炼。排除前述能够充分发挥规范作用的国家法律体系，某些特定领域中国家法律与党内法规衔接的具体化能增进党内法规在法治话语体系中的正当性并促进党内权力的法治化运行。前文已述，财政问题在党内建设中的重要性和财税法治在国家治理实践中的经验总结为财政党规的系统化梳理提供了基本条件，但财政党规在财税法治中的作用并非不言自明的应然假设，财政党规在法治体系中的制度定位，在政治建设、经济建设和社会建设中的重要作用以及未来发展中法治化运行的关注点还需作进一步厘清。

---

〔1〕　秦前红、苏绍龙："中国政党法治的逻辑建构与现实困境"，载《人民论坛》2015 年第 20 期。

〔2〕　韩强："党内法规与国家法律的协同问题研究"，载《理论学刊》2015 年第 12 期；操申斌："党内法规与国家法律协调路径探讨"，载《探索》2010 年第 2 期；张海涛："如何理解党内法规与国家法律的关系——一个社会系统理论的角度"，载《中共中央党校学报》2018 年第 2 期。

〔3〕　石伟："党内法规中的'刑法'——新修订版《中国共产党纪律处分条例》解读"，载《马克思主义与现实》2016 年第 4 期；胡利明："论《中国共产党纪律处分条例》中的刑法理念"，载《桂海论丛》2016 年第 5 期。

二、制度定位：政党规范与财税制度的双重视角

国家法律体系强调横向的分权对抗与专职分化，与此相比，党内法规体系则侧重于形成稳定且有力的政治核心。[1]即便在本质上二者都指向权力与权利间的关系，但形式上二者达至目标的过程并不相同。由于财政党规强调政治性与组织性，而财税法律强调法定性与社会性，财政党规并不能被简单理解为财税法律的组成部分，从规范生成和运行的差别路径上看，财税法律与财政党规之间应当是财税法治体系中治国方式与治党方式的关系。法治中国的背景下，目前有四大规范体系：法律规范体系、国家政策体系、政党规范体系及政策、社会规范体系。[2]此外，财税法律体系又仅是财税制度体系的一个重要方面。[3]本书拟从全局法治规范与财税制度体系两个方面入手，对财政党规的制度定位作一些思考。

（一）政党规范体系的核心构成

党内法规体系作用于依法治国的领域包括执政党自身领域、执政党直接行使相关国家公权力的领域和执政党领导国家的领域。[4]保障党内法规体系的科学性和有效性将直接提升执政党在这些领域中的规范效率。目前为止，党内法规在形式上多以"准则""条例""规定""通知"为主，内容上则主要以人员、事务管理为主，因此一般类型化党规的提炼并不能完全仿照法律

---

[1]　陈柏峰："党内法规的功用和定位"，载《国家检察官学院学报》2017年第3期。

[2]　支振锋："规范体系：法治中国的概念创新——'法治中国下的规范体系及结构'学术研讨会综述"，载《环球法律评论》2016年第1期。

[3]　刘剑文等：《财税法总论》，北京大学出版社2016年版，第42—48页。

[4]　姜明安："论党内法规在依法治国中的作用"，载《中共中央党校学报》2017年第2期。

体系来认定某部准则或条例的具体属性，但财政党规属于例外。

　　下表是 2012—2018 年间党内发布的部分法规，其中大部分都与党内的财政问题有关，除了有专门的用房办法、用车办法，诸如《中国共产党廉洁自律准则》《违规发放津贴补贴行为处分规定》《党政机关国内公务接待管理规定》等法规中均有大量处理党内财政问题的条文，可以说党内的财政事项与党内的组织事项、宣传事项等工作处于同等重要的地位，在反腐问题上，财政事项的重要性甚至超过了组织、宣传等事项。具体而言，中央出台的各项财政党规可分为综合性财政党规和专门性财政党规。综合性财政党规，是指以党内工作的正常有序开展为目的，同时能够规范公共之财在党内运行的党内法规；专门性财政党规，是指主要以规范党内财产运行为主要目的的党内法规。两者虽然在规范形式上存在一些区别，但客观上都规范了党员和党组织的财产行为，有利于党内财政工作的法治化和规范化。

表 5-1　2012—2018 年部分综合性财政党规和专门性财政党规

综合性 财政党规	《中共中央政治局关于改进工作作风、密切联系群众的八项规定》
	《中国共产党工作机关条例（试行）》
	《中国共产党问责条例》
	《中国共产党纪律处分条例》
	《中国共产党廉洁自律准则》
	《中国共产党党内监督条例》
	《关于进一步激励广大干部新时代新担当新作为的意见》
	《关于全面推进政务公开工作的意见》
	《关于全面落实中央纪委向中央一级党和国家机关派驻纪检机构的方案》

	《中国共产党党组工作条例》
	《中共中央组织部、中央编办、国家公务员局关于严禁超职数配备干部的通知》
	《中国共产党党务公开条例（试行）》
	《党政领导干部选拔任用工作条例》
	《中共中央组织部关于进一步做好领导干部报告个人有关事项工作的通知》
专门性 财政党规	《中共中央纪委关于在全国纪检监察系统开展会员卡专项清退活动的通知》
	《违规发放津贴补贴行为处分规定》
	《中共中央纪委、中央党的群众路线教育实践活动领导小组关于落实中央八项规定精神坚决刹住中秋国庆期间公款送礼等不正之风的通知》
	《中央纪委关于严禁公款购买印制寄送贺年卡等物品的通知》
	《中共中央纪律检查委员会关于严禁元旦春节期间公款购买赠送烟花爆竹等年货节礼的通知》
	《党政机关厉行节约反对浪费条例》
	《中共中央组织部关于进一步加强领导干部出国（境）管理监督工作的通知》
	《党政机关办公用房管理办法》
	《中国共产党巡视工作条例》
	《党政机关国内公务接待管理规定》
	《关于厉行节约反对食品浪费的意见》
	《党政机关公务用车管理办法》
	《配偶已移居国（境）外的国家工作人员任职岗位管理办法》
	《关于做好 2018 年元旦春节期间有关工作的通知》

续表

	《中共中央纪委、中央党的群众路线教育实践活动领导小组关于在党的群众路线教育实践活动中严肃整治"会所中的歪风"的通知》

　　党内工作的开展均需财政支持，因此财政党规是党内法规中的核心组成部分。以《中共中央政治局关于改进工作作风、密切联系群众的八项规定》为例[1]，从其第 1 项中"轻车简从、减少陪同、简化接待"到第 4 项"按照规定乘坐交通工具"再到第 8 项"厉行勤俭节约、严格遵守廉洁从政"的规定，是所有党员干部都会面临的具体问题，这些问题的背后均依赖国家的财政供给，对这些财政供给进行严格限制是净化党风政风的基本方式。此外，党员干部的活动需要财政支持，财政作为国家治理的支柱，以供给政党执政行为为起点，可以说财政党规是党内法规体系的核心构成之一。

　　当然，也应注意，长期以来，党内法规的功能主义导向不断强化，党中央愈加重视通过党内法规对具体问题的解决，因此，党内法规在形式上呈现出分散状态。党的十八大以来，规范主义导向开始牵引党内法规的制定工作，党内法规也开启了体系化、科学化发展的进程。[2]作为党内法规类型化的工作组成，财政党规的提炼是党内法规体系化的题中之义。

---

　　[1]　数据显示，八项规定查处显著形成了三种区域：高危区域、中危区域、低危区域。违规发放津贴或福利、违规配备使用公务用车这两项直接涉及领导干部切身经济利益，构成了违规重灾区。同时，八项规定构成一种低重心的反腐战略。在 2015 年 1 月至 2016 年 2 月，乡科级干部共被查处 52 305 名，占比达到 90%。参见沈波："八项规定的实效测评与制度完善"，载《中国特色社会主义研究》2016 年第 5 期。

　　[2]　侯嘉斌："中国共产党党内法规建设的价值导向：从功能主义到规范主义的嬗变"，载《中共中央党校学报》2017 年第 4 期。

（二）财税法治体系的重要抓手

从目前财税法学界对财税法体系的理解来看，财税法治体系和财税法律体系高度重合。[1]此种论证方式主要是为了印证税收法定原则的重要意义。党内法规明确纳入社会主义法治体系以后，财税法治体系相应应当包含：财税法律规范体系、财税法治实施体系、财税法治监督体系、财税法治保障体系和财政党规体系。[2]党内法规的政治阐明预示着财税治国和财政治党的二分将是未来财税法治实施中的重要环节。因此，财税法律规范和财政党规共同构成了财税法治的制度基础，财政党规是财税法治体系的组成部分。

需要注意的是，法治之"法"本身应当反映人民的意志，并能体现民主的价值。[3]因此《立法法》第10条第1款规定："全国人民代表大会和全国人民代表大会常务委员会根据宪法规定行使国家立法权。"而《中国共产党党内法规制定条例》规定党内法规的制定主体是中央纪律检查委员会、中央工作机关和省、自治区、直辖市党委，这就意味着财政党规的制定具备一定的灵活性，它的内容会随着不同财政问题的出现而进行不断扩充。例如，对党内违规发放津贴、铺张浪费等问题的多次"党内立法"，属于典型的依据具体的财政问题出台相应的财政党规。由于财政党规的制定均旨在约束党组织和党员的"理财"行为并约束党组织和党员的"理财"权力，很难要求其在限权层面达致全体党员的合意，因此，财政党规重视凸显作为党规

---

〔1〕 财税法体系虽然有数种解释，但主要还是围绕传统法律规范的效力体系来进行构建，强调宪法到全国人大制定法的直接关联。参见刘剑文等：《财税法总论》，北京大学出版社2016年版，第42页。

〔2〕 主要是党内法规制定的规范层面。党内法规的实施能起到财政监督的作用和财税法治监督体系重叠。

〔3〕 江平：《法治必胜》，法律出版社2016年版，第167—212页。

的政治性和强制性。这种有别于法律制定的过程驱使财政党规成为财税法治体系的有机组成部分，能够有效针对新生的财政问题，提升政党法治的效率。

（三）国家法治体系的驱动基础

从财政党规运行的结果上看，归因于党内法规对党务的调整必然影响和涉及国务[1]，加之国家治理法治化、党的治理规范化、党内法规体系化的递进关系[2]，除了上述两种角度的制度定位，财政党规在国家法治体系中还应该具备一种整体视角的制度考察。换言之，如若对财政党规的实际功能作有效解剖，还需跳出传统视角中财税法的法治思维去探讨财政党规在国家法治体系中的定位。

"法治是治国理政的基本方式"，财税法治是中国民主法治建设的突破口和重要抓手。[3]法治社会的建构以国家正确理财为基础，而国家正确理财又以执政党正确理财为前提。如果党的建设不能有效处理好财政问题，国家治理中的财政问题很难得到科学合理的政治指引[4]，公共财产运行失范会诱致贪污腐败、收支紊乱等问题，进而影响社会主义法治建设和经济建设全局。从这个角度考察，财政党规在国家法治体系中能够发挥

---

〔1〕　姜明安："论中国共产党党内法规的性质与作用"，载《北京大学学报（哲学社会科学版）》2012年第3期。

〔2〕　国家治理现代化的本质是国家治理法治化，国家治理法治化的重要环节是党的治理规范化，党的治理规范化的关键则是党内法规体系化。参见周叶中："以党内制度建设推进国家治理法治化——准确把握国家治理现代化的三个重要环节"，载《国家治理》2017年第41期。

〔3〕　刘剑文、侯卓："财税法在国家治理现代化中的担当"，载《法学》2014年第2期。

〔4〕　邓小平曾言："国要有国法，党要有党规党法，党章是最根本的党规党法。没有党规党法，国法就很难保障。"应用到财政问题即是如此。参见《邓小平文选》（第二卷），人民出版社2004年版。

根本的规范作用，科学制定财政党规与科学制定国家法律是一体两面的法治吁求。

目前，国家法治体系中政党制度安排的缺失是政党法治面临的现实困境。[1]党的十八届四中全会指出，党内法规既是管党治党的重要依据，也是建设社会主义法治国家的有力保障。构造完善的党内法规体系不仅需要尽可能周延的党内立法，还需系统化和体系化的规范架构。财政党规的系统提炼相比其他类型党规的提炼，具有更强的制度价值，一定程度上能缓释因政党制度安排混杂导致的制度风险。

三、功能拓补：财政治党与财税治国的视域融通

财政党规作为政党法治体系和财税法治体系的交叉，其在治党和治国的互动中承担着重要的制度职能。具言之，支撑财政党规发挥作用的功能认知可以从两个维度进行思考：一是财政党规在政治建设中发挥的作用；二是财政党规在经济建设中发挥的作用。由于我国治理实践中国家法治和政党法治的高度统一，党内法规对执政党的约束经常呈现出一种外溢性。[2]财政党规在社会治理全局中的功能定位亦不能忽视。

（一）政治建设的枢纽：重构政治生态文明

有研究直接讨论了政府预算管理与我国政治生态文明之间的关系，并指出"政府预算透明度差，会阻碍政府预算的有效监督，易导致财政经济领域腐败的滋生和蔓延，长此以往会影

---

〔1〕 秦前红、苏绍龙："中国政党法治的逻辑建构与现实困境"，载《人民论坛》2015 年第 20 期。

〔2〕 即党内法规对公共治理和社会管理也产生了能动作用。参见姜明安："论中国共产党党内法规的性质与作用"，载《北京大学学报（哲学社会科学版）》2012 年第 3 期。

响政府的公信力，危及政治的稳定性"。[1]实际上，党内的预算体制是构造政治生态文明的关键因素，国家的预算制度对具体党员的调整能力是有限的，财政党规承担了对党内财政资金分配、责任落实的制度任务，成为党内政治活动的起点。

政治生态重构是党风廉政建设和反腐败的治本问题。[2]政治生态的重构依赖行之有效的制度保障。财政党规在内容和主旨上均意在规范公共之财在党内的运行，是重构政治生态体系建构中最为直接的规范支持。党的十八大以后，随着财政党规的不断完善，党内反腐工作得以有序开展，经党中央批准立案审查的省军级以上党员干部及其他中管干部四百余人，其中绝大部分的违纪问题都与贪腐有关。财政党规和国家刑法为处理这些腐败分子提供了有力的依据。[3]

在惩治腐败的同时，诸如限制请客送礼、公款消费等问题的财政党规对净化党风起到了积极作用。具体而言，党员特别是身为领导干部的党员在请客送礼、购买消费时极易利用既有权力来为自己提供财产便利，如此不仅不利于树立良好的执政党形象，更可能侵蚀党员和群众之间的和谐关系。具体的财政党规出台以后，相关党员的作风和行为被强制制约，一定程度上改善了"为官必贪、为官必腐"的群众认知。党内财政问题的规范是斩断权力寻租的利益链条和清除腐败行为的起点。[4]

---

〔1〕　刘连环等："我国政治生态文明与政府预算管理"，载《经济研究参考》2017年第50期。

〔2〕　牛君、季正聚："试析政治生态治理与重构的路径"，载《中共中央党校学报》2015年第4期。

〔3〕　刘艳红："中国反腐败立法的战略转型及其体系化构建"，载《中国法学》2016年第4期。

〔4〕　牛君、季正聚："试析政治生态治理与重构的路径"，载《中共中央党校学报》2015年第4期。

（二）经济建设的基点：规范政党财政治理

党规的设计决定了一个政党的行为方式。[1]党的十八大以后，在共产党领导的依法治国成为执政党意志的同时，政党法治已然转为党内工作的重心。应当指出，政党法治的价值意义在于通过政党法律的形成和至上权威的确立构成对政党权力的制约，目的在于保障和实现政党意志。[2]而全面推进依法治国离不开财税法治建设。[3]财税法治同时构成了政党意志的组成部分。此外，国家财政的有效运转依赖国家权力的合理配置，国家权力的配置又是执政党实施执政行为的首要命题，执政行为的规范从根本上决定了执政行为的正当性和合法性，因此，要促成全局财税法治格局离不开执政党执政行为的规范化，党内法规也因此与财税法治紧密联系在一起。

在党内法规与财税法治彼此联系的同时，财政问题成为党和国家均需面对的问题，特别是国家公职人员的腐败和党员的腐败常常是一体的，国家的财税法律对国家公职人员的规范因主体的同一性，同时也对党员起到了规范作用，从另一个角度看，财政党规对党员的规范也同样因主体的同一性，对国家公职人员起到了规范作用。不同在于，财政党规属于党内法规，规范执政党自身的行为，建设法治执政党，起到党内法规推进依法治国最主要和最重要的作用。[4]因此，财政党规在推进国

---

〔1〕 Michael S. Kang, "The Hydraulics and Politics of Party Regulation", *Iowa Law Review*, Vol. 91, 1（2005），p. 134.

〔2〕 王韶兴、张垚：“论政党法治建设的价值意义”，载《理论学刊》2005 年第 1 期。

〔3〕 俞光远：“加快财税法治建设与全面推进依法治国”，载《地方财政研究》2015 年第 1 期。

〔4〕 姜明安：“论党内法规在依法治国中的作用”，载《中共中央党校学报》2017 年第 2 期。

家财政建设方面是"操盘手"自身的行为规则，通过规范每个党员、每个党组织自身取财、管财和用财的行为，从而在执政中避免执政行为受到"不义之财"的腐化和侵蚀，进而达至"理财治国"的目标。

科斯认为，经济改革并没有让共产党的存在变得无关紧要，与之相反，共产党成为支撑中国经济改革的复杂体系不可分割的一部分。财政党规作为党内"财税法"，与财税法治体系的其他规范相辅相成，同时也是社会主义市场经济规范的"排头兵"。作为社会主义市场经济建设的领导者，在自身行为的规范上必须受到严格制约，以此促进经济建设的秩序化与公平化。从这个意义上讲，财政党规能够实现经济建设的市场逻辑与党领导经济建设的财政逻辑之间的高度统一。

（三）社会建设的重点：重塑国家治理格局

每一种法治形态背后都有一套政治理论，每一种法治模式当中都有一种政治逻辑，每一条法治道路底下都有一种政治立场。中国共产党作为中国的执政党，与国家权力保持着极强的亲和性，其政党权力的行使对国家权力和公民权利的影响甚巨。[1]权力作为一个核心要素成为党和国家治理实践中最基本的讨论对象。本质上看，控制权力的核心就在于控制财权[2]，具体到党内工作，对党员（特别是具备公职的党员）的财产状况进行把控，即可知道其有无不合理的财产收入，从而缓释腐败风险，从源头上遏制隐蔽性较高的权力寻租；对党员的住行消费进行限制，能促进怀有不端思想的党员干部培养廉政意识，杜绝

---

〔1〕　秦前红、苏绍龙："中国政党法治的逻辑建构与现实困境"，载《人民论坛》2015 年第 20 期。

〔2〕　陈立诚、刘剑文："财税制度反腐：一种源头治理的新进路"，载《政治学研究》2015 年第 1 期。

"当官享福""官本位"等官僚作风，从而为权力的运行提供良好的空间。

党内法规建设应为中国的宪制运行提供政治价值。[1]如前文所述，财政党规的提炼将党内的治理模式从"管人"切换到"人财并重"上，理顺财产关系以后，由于党的意志渗透到了国家所有的职能部门，党内"不敢腐、不能腐、不想腐"的政治环境将大幅改善国家职能部门对公共财产的认识，进而推进政府财政活动的法治化。与此同时，大量财政党规的出台，能够唤醒公众对党员、党组织处分公共财产行为的意识，形成密切关注、积极参与的社会监督氛围，有助于社会积怨的消解，同时增强政党和政府的公信力。

进一步看，由于财政党规的科学设计事关党的领导制度的科学化，加强党的执政能力要求通过法治手段和规范意识来完成，前面两个部分相继论述了财政党规在党内治理和经济建设中的功能定位，其实，处理好执政者与市场的关系本质目的在于推进国家治理能力的现代化，破除传统的"党管国"的思维桎梏，以财政路径为基点重塑"政治—经济—社会"多位一体的"党治国"的治理格局，加快推进国家治理体系的现代化。[2]

四、理念建构：法治运行和价值形塑的多元并举

理论视角考察财政党规的制度定位和功能探讨，本质上都是为了在实践中引导财政党规的制定和执行。财政问题的利益性和复杂性预示着未来党内还会出台大量的财政党规，用以规范党员、党组织的财产行为。如前文所述，目前党内出台的财

---

〔1〕 陈柏峰："党内法规的功用和定位"，载《国家检察官学院学报》2017 年第 3 期。

〔2〕 张文显："论中国特色社会主义法治道路"，载《中国法学》2009 年第 6 期。

政党规呈现出较强的分散性，因党内的财政问题是关乎政权稳定的重要命题，依靠"指哪打哪"的条文集合难以形成原则清楚、目的明确的制度框架，在应对财政问题时容易出现前后矛盾甚或朝令夕改的症结。

形成党内法规制度体系是新时期实现规范化管党治党的关键。[1]而体系化财政党规的塑造势必需要逻辑连贯的实践指向，这也要求在财政党规的拓补过程中还需把握规范制定、体系构造和观念更新的具体内容。其言之，规范生发层面要讲求财政党规制定的科学性和有效性；制度建构层面要重视财政党规的内部协同和外部协同；观念形塑层面要推进财政治党与财税治国并重的治理逻辑。

（一）规范生发：现实回应的财政党规

由于财政党规规范的是全体党员的行为，在规范制定上一定要提高一般党员和社会公众对财政党规制定的参与度。除遵循党内"立法法"——《中国共产党党内法规制定条例》第7条的相关规定[2]外，由于财政问题还事关党员的生存权保障，必须加入人文关怀的因素，一方面要严格限制党员的财产行为，

---

〔1〕　"党内法规制度体系"是一种参照国家法律的体系化思维，遵循规范主义建构路径的具体表现形式。它是将体系化方法运用到党内法规制度建设的必然结果，也是党内法规理论与实践经验积累的必然产物，为新时期中国共产党管党治党与治国理政提供了重要制度抓手。这种体系化的党内法规，既能够充分体现党的意志主张并契合国家法律的基本精神，又能够为各级党的组织工作、活动和党员行为提供基本遵循。参见周叶中："以党内制度建设推进国家治理法治化——准确把握国家治理现代化的三个重要环节"，载《国家治理》2017年第41期。

〔2〕　《中国共产党党内法规制定条例》第7条规定："党内法规制定工作应当遵循下列原则：（一）坚持正确政治方向，增强'四个意识'、坚定'四个自信'、做到'两个维护'；（二）坚持从党的事业发展需要和全面从严治党实际出发；（三）坚持以党章为根本，贯彻党的基本理论、基本路线、基本方略；（四）坚持民主集中制，充分发扬党内民主，维护党的集中统一；（五）坚持党必须在宪法和法律的范围内活动，注重党内法规同国家法律衔接和协调；（六）坚持便利管用，防止繁琐重复。"

另一方面也要重视党员基本的生存保障。[1]如果矫枉过正，不仅不能有效遏制腐败现象，反而会催生更多隐蔽的寻租行为。

除基本权益保障外，财政党规还必须与时俱进，不断补充切合社会发展的财政规定。例如，信息化背景下要及时将微信红包、支付宝等方式的贪腐问题纳入财政党规的约束范围之中。又如，要对党员在新型投融资平台中进行的投融资行为进行管控。当然回应现实不仅是重视补充新规定，还要注意对现有财政党规的清理和修订，提高财政党规的现实操作性和执行力。

（二）制度建构：内外协同的财政党规

建构层面主要偏重财政党规与其他规范的衔接和协同，具体而言包括两个方面：一是财政党规的内部协同；二是财政党规的外部协同。内部协同指的主要是财政党规自身各项规范应当"各司其职"，首先，正确区分党员和党组织的财政规范，如果党员自身出现财政问题，主要由其承担相应责任；如果党组织整体出现财政问题，如何确定责任人以及如何判定相应责任就需要具体情况具体分析。其次，根据财产行为性质不同，可以将财政党规划分为收入性财政党规、管理性财政党规以及支出性财政党规。具言之，收入性财政党规重视党员或党组织财产来源的真实性和合法性，是判断腐败问题的重要方式，如受贿、巨额财产来源不明等；管理性财政党规主要规范党员或党组织在公共财产管理过程中可能出现的各类问题，如工作失误导致的国有资产流失等；支出性财政党规主要是规范党员或党组织对公共财产处分中出现的问题，如"三公"开支等。

外部协同又包括两个方面：一是在党内法规的视野中财政

---

[1] 特别是最低工资的设定。过低的工资不仅不利于发挥党员工作的积极性，而且容易诱发各种逐利行为，从而滋生腐败。

党规与其他党规的协同；二是在财税法治的视野中财政党规与
财税法律的协同。前者要求在党内工作中应当避免财政问题与
其他问题混同，例如，组织党规和宣传党规的重心在于党的会
议制度、工作制度、学习制度等内容的建设，而财政党规的重
心在于通过对党内财权的控制达到对党员和党组织的控制，规
范财产运行并缓释腐败风险。当然，在注意明确各类党规制度
目的的同时，又不能割裂财政党规与其他党规的联系，毕竟不
同内容的党内法规均以规范执政党的权力为轴形成了党内治理
的体系。后者则要求进行科学的顶层设计：财政党规和财税法
律的关系探讨是置身于宪法层面的，并非简单的内容互通，必
须从根本上厘清财政党规与财税法律的目的耦合。从域外党和
国家治理的经验来看，美国在二十世纪七八十年代用国家强行
法加强了对党内自治规范的控制[1]，表面上国法对党的治理起
到了制约作用。具体而言，财政党规强调公共财产运转的政治
正确，财税法律强调公共财产运转的法治遵循，两者均是为了
确保公共之财的收支管符合人民意愿，促进社会公平正义的宣
扬。因此，财政党规的体系化构建必须贴合财税法律建设的事
实，将财政党规的制定与走群众路线密切联系起来，做到集思
广益又从实际出发。

（三）价值形塑：党和国家兼顾的财政党规

共产党国家在建立政治秩序方面的相对成功，在很大程度
上是由于他们自觉地把建立政治组织一事摆在优先地位，党也
因此完成了对国家生活的有效控制。[2]财政党规在政治组织中

---

〔1〕　See Kay Lawson, "Challenging Regulation of Political Parties: The California Case", *The Journal of Law & Politics*, Vol. 2, 2 (1985).

〔2〕　[美] 塞缪尔・P. 亨廷顿：《变化社会中的政治秩序》，王冠华等译，上海人民出版社 2008 年版，第 334 页。

发挥的作用是基础性的，但它并非解决所有问题的"万金油"，体系化的财政党规固然能在规范生发和制度建构层面作出突破与创新，但从财政治党的思考中更应挖掘的是党和国家兼顾的一种法治思维与法治理念。如此才能助益法治实践中对党内法规与国家法律之间、党的领导与依法治国之间的关系把握。

毫无疑问，财政问题特别是腐败问题是党和国家治理中均需面对的疑难杂症，反腐败制度体系中财政制度又是重要的组成部分。[1]有的观点指出，就我国现状而言，影响党内法规与国家法律衔接和协调的主要问题在于，人们对国法与党内法规衔接和协调的重点场域、对政党的哪些行为属于国家法律治理的重点对象还缺乏深刻认识。[2]腐败问题的连接点启示我们，政党法治和国家法治衔接的场域以财产、权力等核心利益范畴为主更能抓住党和国家治理中的关键命题，更有利于进一步发挥我国政党与国家高度统合的宪制优势，提升治理效率。[3]

天地生财，自有定数，取之有制，用之有节则裕，取之无制、用之不节则乏。执政党对公共之财的使用在国民心中同样是国家对公共之财的使用。财政党规的制定、执行和监督对财政的认知并不能仅局限于国库的拨款或党员的党费缴纳，必须将党员和党组织的财产行为与公共之财相挂钩，在党内治理中加强党员规范用财的意识，同时重视发挥党内监督机制和国家

---

〔1〕 例如，财产申报制度。党和国家内部的财政透明度在我国一直是个敏感问题，但党和国家的财政情况又是全体纳税人理应知晓的问题，同时也是民主体制的应有之义。这里可以参见"金鱼缸效应"。"金鱼缸效应"是由日本上佳电器株式会社社长北田光男先生提出的，剖析了管理中的透明度与管理效率、管理质量之间的关系。

〔2〕 蒋劲松："政党的国法治理"，载《法学》2016年第1期。

〔3〕 监督问题即是一个重要方面。参见《习近平谈治国理政》（第二卷），外文出版社有限责任公司2017年版，第169页。

监察体制的监督作用，让财政法治之光照亮政党法治之路，以财产的约束确保权力被真正关进制度的笼子。

五、小结

毋庸置疑，我国的法治建设与法治理论研究必须重视执政党在法治化进程中的领导地位，重视政党法治与国家法治的有机结合，塑造执政党及其执政过程的法治属性和法治品格。[1] 党内法规体系是中国特色社会主义法治体系中的施政基石，同时也是中国特色社会主义法治体系的保障力量。财政党规是党内法规体系中的核心枢纽，同时也是财税制度体系的重要抓手，更是全体国民"看得见"的法治规范。在财税法治的视野下，财政党规在政党法治和国家法治中均发挥了重要作用。

以财产视角切入，财政问题构成了政党治理和国家治理的衔接场域之一，提升财产运行的规范性直接促进着党内权力的合理配置与合法行使，同时也为重构政治生态、缓释政治风险、增强社会公信力提供了制度空间。具体到财政党规运行的实践，体系化财政党规的构建能在一定程度上整合目前党内法规的分散局面，形成统一连贯的规范体系，并将传统的党内"管人"思维转换为"人财并重"，一面杜绝公共之财运转失范的风险，一面通过财权的控制达至事权的优化，对现代财政制度的构建大有裨益。[2]

在多元规范上，即便是那些较为发达的法治国家，也难免出现"非法律的社会规范经常能够击败正式法律规则和程序的

---

〔1〕　肖金明："改革开放 30 年中国法治建设 10 大规律"，载《法学论坛》2008 年第 4 期。

〔2〕　刘剑文、侯卓："现代财政制度的法学审思"，载《政法论丛》2014 年第 2 期。

运作"的情况。[1]党和国家的治理要重视治理规范的有效需求，并非一味强调规范的数量或者属性。改革开放四十余年以来，我国法治秩序中凸显出较为明显的"构建主义"倾向[2]，发挥财政党规等非法律规范的作用将避免国家遁入"一个法律更多但秩序更少的世界"[3]。从本书论证的启示来看：财政问题是法治中国视域下政党法治与国家法治间的一个衔接场域，问题导向同时为社会主义法治建设中党规与国法间的联动提供了思路。

从政治学的角度看，世界各国之间最大的差别不是政府的形式，而是各自政府实行有效统治的程度。[4]从结果考量改革开放四十余年的经验，我国宪制层面党和国家的高度统一为国家提供了相当程度的有效治理，这些治理成果反映在社会的各个方面，虽然社会的问题依旧不少，但是有效的治理会给予国民更多的期待。社会主义市场经济建设中，事关百姓切身利益的事是未来治理中的重难点，尤其是在全体纳税人意识正在觉醒的社会环境中，公共财产的收支管横跨了党和国家施政治理的各个方面，财政党规的提炼在快速推进财税立法的过程中进一步凸显出以财政手段促进政党法治的重要意义，不仅符合全体国民的利益诉求，还是有效治理的政党自省与国家审思。

---

〔1〕〔美〕安德鲁·奥尔特曼：《批判法学——一个自由主义的批评》，信春鹰、杨晓锋译，中国政法大学出版社 2009 年版，第 246—247 页。

〔2〕"构建主义"倾向包括规划设计的主导倾向、普遍化、整体化的形式追求以及法条主义的单边情结。参见马长山："国家'构建主义'法治的误区与出路"，载《法学评论》2016 年第 4 期。

〔3〕〔美〕罗伯特·C. 埃里克森：《无需法律的秩序——邻人如何解决纠纷》，苏力译，中国政法大学出版社 2003 年版，第 354 页。

〔4〕〔美〕塞缪尔·P. 亨廷顿：《变化社会中的政治秩序》，王冠华等译，上海人民出版社 2008 年版，第 3 页。

第三节　社会启示：以税收法定与
环保价值的联动为例

2016 年 12 月 25 日，第十二届全国人大常委会第二十五次会议通过了《中华人民共和国环境保护税法》（以下简称《环保税法》），并于 2018 年 1 月 1 日起正式施行。《环保税法》是"税收法定原则"载入《立法法》以后，全国人大常委会审议通过的首部单行税法，也是我国首部旨在推进生态文明建设的单行税法。作为我国正式开征的第 18 个税种，环保税在其法制安排上有多个亮点，其中尤具代表的，当属"税收法定原则"得到了有效贯彻。

税收法定原则是民主法治理念在税收领域的体现，按照传统观点，税收法定原则的内涵十分广泛，不仅涉及法律文本的形式存在，还涉及税收立法权归属、税法治理范式等具体问题。在肯定环保税、落实税收法定原则的功效时，不可忽视的是《环保税法》的制定方式在一定程度上依旧属于经验立法的范式。为了保障《环保税法》从"新法"走向"良法"，再从"良法"跨入"善治"，深入探讨新法落实税收法定原则的制度逻辑，有助于加强其理论支撑与治理效果。

一、费改税：税收法定原则的制度落实

在环保税设立以前，与之具有类似功能的当属排污费。我国的排污收费制度确立于 1979 年，其法律依据是同年出台的《中华人民共和国环境保护法（试行）》，2003 年国务院发布的《排污费征收使用管理条例》进一步规定了排污费的征收、使用和管理。《环保税法》出台以后，排污费被废止，客观回应了党的十八届三中全会有关"推动环境保护费改税"的政策指引。

引发关注的是，环保税的开征在很多观点看来，本质上是用"征税"替代了"收费"。笔者以为，虽然"费"转"税"在直观上只是换了文字表述，但其背后完成了法律规范的位阶跃升，体现了税收法定原则在制度层面的落实。

首先，排污费改环保税是"无法"到"有法"的制度落实。从完整意义上理解税收法定，其初始阶段是形式法定，也即税收的基本制度只能通过法律制定。长期以来，排污费作为行政机关的一类行政性收费，并没有一项专门的法律（单指法律）进行规范和调整，而新的环保税在《环保税法》出台以前，我国是没有相关税种的，更毋庸提及具体的法律规范。因此，无论是源于排污费废止的视野观察，还是基于环保税开征的角度评析，《环保税法》为环保税费的征收提供了实体层面的制度供给，使环保税种在形式上完成了"无法"到"有法"的"法定"任务。

其次，排污费改环保税是税收立法权回归全国人大的制度落实。2003 年《排污费征收使用管理条例》作为排污费的征收依据，其规范层级属于国务院颁布的行政法规，于适用效力上低于法律。在社会主义税收法治建设的历程中，由于两次"授权立法"的客观因素，税收立法权长期被行政机关主导。这在一定程度上影响了税种设立或开征的正当性，并不利于税收法治建设。此次环保税的开征，从其草案的起草，直至最后的审议，均是通过全国人大常委会严格的立法程序，并广泛征求了群众意见。释放全国人大回收税收立法权的信号，这在限制税收行政执法、促进税收司法方面，都能够产生促进作用。此外，在具体条文的规定上，《环保税法》第 6 条、第 9 条都明确了地方税收立法权的范围和行权机构，从而在权源上明晰了立法机关与行政机关的关系。

最后，排污费改环保税是依据社会现实作出的法定选择。形式层面的税收法定也可认为是税收法律化的理论提炼。税收法律化也是税收法定原则最为基本的要求之一。应当看到，税收法律化需要一个循序渐进的过程。要求短时间内将所有税种都制定法律，并不现实。更为理性的选择是分清轻重缓急，将条件相对成熟、社会关注度较高的税种先行立法。当下，由于环境的污染和不断恶化已成为制约社会经济可持续发展的重要因素，我们需要一部有效的法律对环境污染进行治理。长期适用的排污费满足了条件相对成熟、社会关注度高等要件，符合税种立法轻重缓急之"重"与"急"，在这个背景下清费改税、制定《环保税法》也可视为现阶段落实税收法定原则的突破口。需要厘清的是，并不是仅有排污费符合这样清费立税的条件，立法是一个向前推进的过程，诸如社会保障税、教育税等税种的"费"改"税"问题，同样也十分具备现实意义。

二、抓环保：税收法定原则的功能拓展

传统意义上的税收法定原则，强调廓清税收立法权的配置和归属，并由此理顺立法机关与行政机关的关系。应当看到，本属的积极法效在《环保税法》的制定过程以及内容安排上都得到了体现。值得圈点的是，环保税似乎脱离了税收作为财政收入组织方式的"轨道"，强调保护和改善环境，促进社会节能减排，推进生态文明建设。这就意味着《环保税法》对税收法定原则的落实并没有局限于法律制定，同时也在强调税制改革所能创造的社会功效。这种社会功效至少包含三个方面。

第一，《环保税法》为环境保护营造了稳定、安全、合理的税法环境。社会主义市场经济建设以来，环境污染呈现出日渐严重的趋势。相关市场主体片面追求经济利益，极易忽视利益

攫取背后可能造成的其他社会问题，如环境污染。此外，在环境保护和污染治理方面，因污染的地域差异和规费征收的随意性，相关部门并未针对污染问题进行有效和规范的处置。环保税作为"税"，具备税收的强制性，而《环保税法》作为"法"，又能代表相当一部分的民意。客观上看，《环保税法》的出台能够为各类行为主体作出具体行为决策时提供稳定的合理预期和行为指引，而这种预期和指引所依赖的，正是税收法定原则所倡导的税法环境。

第二，《环保税法》旨在形成良性、互动、和谐的法治运行方式。就执法的内部性而言，在具体操作环节上，排污费改环保税后，其征收部门也由环保部门改为税务部门，与此同时，又无法脱离环保部门的配合，因此，《环保税法》还促成了环境保护税征管分工的协作机制。就执法的外部性而言，在处理各类污染行为时，鉴于税法的刚性，有关部门能够更好、更快、更有效地依据《环保税法》进行处置，从而倒逼污染行为主体节制甚至消除污染行为。外部性和内部性的考量，满足税收法定原则对纳税人和国家之间、执法部门之间法律关系的预设，有利于在环境保护、生态治理等范畴中保障法治运行方式的激活与调适。

第三，《环保税法》的通过意味着税收立法的社会治理功能得到了认可。环保税作为一类特定目的税，既然已经通过法定形式确立下来，无论是人大还是政府都不得改变此税种的开征目的。这就为社会治理添加了一种常规性治理手段。应当注意，环保税只是特定目的税的一种，特定税种的开征一般都具备促进经济稳定、协调、发展或者与之相关的目的，而税收法定是为这种以促进经济的稳定、协调和发展为目的的治理手段提供法律依据。总的看来，《环保税法》的出台作为国家通过税收立法进行社会治理的缩影，一方面反映出国家治理手段的多样化，另一方面也呼应了党的十八届三中全会所提出的"财政是国家治理的基础和重要支柱，科学的财税体制是优化资源配置、维护市场统一、促进社会公平、实现国家长治久安的制度保障"的政治呼声。

三、望未来：税收法定原则的深入贯彻

从前文论述中，可推知《环保税法》在制定程序和具体内容方面基本达到了落实税收法定原则的预期。但《环保税法》究竟是不是一部良法，或者说这部旨在加强环境保护的新税法能在多大程度上完成其既定任务，都需要通过实践进行检验。笔者以为，虽然《环保税法》完成了从程序到内容上的形式法定，但是其从"有法"过渡到"良法"，以及促成最后的"善治"，尚且任重道远。需要我们进一步整理出新法的上升空间，这同时也是税收法定原则引发示范效应的关键因素。主要包含以下几个方面。

首先，法定义务与法律责任的区分。《宪法》第56条规定："中华人民共和国公民有依照法律纳税的义务。"《环保税法》实施以后，"直接向环境排放应税污染物的企业事业单位和其他生产经营者为环境保护税的纳税人，应当依照本法规定缴纳环境保护税。"因此，环保税开征意味着污染行为的主体因其污染行为会产生纳税义务，其缴纳环保税的行为并不是接受处罚的方式，而是污染行为主体依法完成其法定义务。纳税义务法定是税收法定原则的重要方面，规定污染行为主体依法履行纳税义务即是义务法定的反映。需要注意的是，税收法定原则同样注重保护纳税人的合法权益，这里的纳税人是一个广义的概念，不应当仅指缴纳环保税款的纳税人。污染行为主体因其污染行

为所产生的纳税义务并不能豁免其为全体纳税人造成污染后果的治理责任。换言之，征收环境保护税不能免除纳税人防治污染、赔偿污染损害的责任和法律、法规规定的其他责任，应将环境保护税与合法排污权相区别开，防止一些向环境排放应税污染物的企事业单位和其他生产经营者将环保税定义为合法污染的对价。

其次，执法机构的职能协调。虽然《环保税法》构建了环境保护税征管分工的协作机制，但收费机制与征税体制是完全不同的财政收入制度，税收法定之"法"如需有效运行，还需起草相应的税法实施条例，细化具体政策和征管措施。从基层组织架构情况看，税务部门多年前已实行省以下垂直管理，环境监测检查执法省以下垂直管理试点工作也已相继启动，如何做好完善税务与环保工作配合机制、调试征税信息系统、对接纳税人资料、建立健全信息交换平台等税收征管准备工作，都是环境税法迈向"良法""善治"的关键。此外，新法出台还需要加强政策宣传解读、纳税辅导和业务培训，确保各税收主体能够理解《环保税法》的立法宗旨，更好地维护法律实施。

再其次，环保税收收入的定性与分配。目前，《环保税法》并未明确环保税属于中央税，还是地方税，或者是央地共享税，但是根据地方在环保事务管理上的直接性来看，环保税划归地方税将有利于提升地方行政机构的执法力度。此外，根据《环保税法》第 27 条的规定，环境税将作为一类税收收归财政收入，改变了排污费"专款专用"的特性。原由排污费安排的支出纳入财政预算安排以后，地方政府会不会将环保税视为地域性的"创收工具"而征收"过头税"还无法知晓，如何通过有效的法治安排来稳固环保税的环保价值，同样也是环保税进一步落实税收法定原则的重要方面。

最后，要处理好落实税收法定原则与落实其他税法原则的关系。以税收公平原则为例，由于各地区情况不同，环境保护税税额上浮和应税污染项目的规定，将来可能会有很大差异，这一方面会导致甚至加剧污染企业向税率低的地区流动，另一方面也不利于税收横向的公平。如何平衡各地环保税的税率、税额，合理有效配置地方的税收立法权，减少地区之间的差异就显得尤为重要了。再以量能课税原则为例，有的企业可能存在污染严重但经营状况不佳的情形，按照量能课税原则，税负能力较弱的企业应当少交，甚至免交税金，但是，《环保税法》对税负轻重的界定标准均以污染程度为中心。那么此一类税负能力较弱、污染严重的企业就面临破产的风险，即便把责任整体归结为污染企业的污染行为，地方政府对自身利益的追求也应当对这些污染严重的企业进行帮扶，积极引导污染企业进行转型升级。故此，《环保税法》的实施还需要重视维护税法原则的有机体系。

四、小结

税收法定原则在《环保税法》乃至其他税法上的落实，并不是一个纯粹总结归纳似的探讨，而是一个动态的评价过程。它贯穿在税法制定、税法实施乃至税法争讼等多个环节，同时也反映在税治程度、税治效果、税治意识等多个方面。作为落实税收法定原则的示范，开征环境保护税，增强了环保税费收入的刚性，加大了环境保护的执法力度，不仅能更好地体现税收在保护环境方面发挥的作用，更重要的是为环境治理建立了制度框架，凭借这种制度框架，能让环境治理走向法治，而不是偏向"人治"。

任何税收政策和制度都与一定的税收理念和追求的目标分

不开。在国家治理现代化转型的历史语境下，落实税收法定原则的过程，其实就是法治理念在税收领域的彰显过程。从侧面看，这也就是现代财税法回归其应有定位的过程。税收法定原则是税法上的基本原则，它源自对税法基本精神，甚至是法律基本精神的思考，这种基本原则的内涵无一不反映出法治理念的核心要义。令人欣喜的是，此次《环保税法》的出台，清晰地反映出了税收法定原则得以落实的脉络，本书也进一步探析了未来深化贯彻税收法定原则的制度逻辑。

一部良法所能创造的法治效果是令人瞩目的，良法所遵循的立法理念又能为其他法律提供有利借鉴。税收法定原则是税收立法的智识基础，对我们追求实质意义上的税收法治、保障社会公共利益具有重要的推动作用。

后　记

受惠于顶层设计对财税法治建设的日渐关注，我国财税法学研究呈现出快速发展的趋势。随着研究的精细化，近年来有关财税法学的学科定位问题引起了较多关注。由于传统法学研究依据法律关系的属性所作的"公私"二分法在经济法学、财税法学、环境法学等学科的定位中难以适用，促使法学学科的分类逐步拓展挖掘出公私并重的"第三条道路"。在此过程中，学界不再热衷于对法学的子学科们进行机械分类，越来越多的学者开始关注以问题为导向的法学研究方法，更有学者提出了"领域法学""行业法学"等法学方法体系。方法论层面的革新在丰富中国特色社会主义法学理论的同时，也进一步解放了新时期本土法学研究的学术生产力，不仅有助于解决愈加复杂的法治难题，还能促成更为科学合理的法学研究格局，最终助益我国法治事业走向中国式现代化。

　　财税法学是20世纪末期兴起的"小学科"，但其背后所蕴藏的各类财税法律现象、财税法律关系等是事关国家治理的"大问题"。因此，针对财税法学的研究不容小觑，值得投入更多的力量进行深挖。本书的写作试图传递出对"问题导向"的支持与回应。无论是从法学要素层面发轫的理论探讨，还是基于现实制度所进行的革新思考，都旨在强调财税法学研究不仅需要重视追求形式完整性，还需要关注研究内容的有效性。也即苏力先生所讲的："想事，而不是想词"。此外，也应说明，本书所提出的财税法学研究视角随着时代变迁和制度演进将会愈加多元，与之关联的思维和对策也会出现相应的调整和变化。

这大概也是法学研究的缩影：制度和理论在不断的相互适应中得到共生发展。

最后，感谢我的导师刘剑文教授在本书写作和整理的过程中提出的诸多指导性意见，感谢中国政法大学出版社编辑老师在本书校对和出版过程中所付出的诸多辛苦，同时感谢周景怡同学对本书资料整理工作的参与。书中谬误还请读者包涵指正。

胡　翔

2023 年 3 月